탐정의 리포트

탐정의 시선에서 본 법과 인간 사이 기록

권 호 갑

목 차

(사건은 늘 사소한 곳에서 시작된다)

추 천 사　　　　　　하금석 회장

탐정은 진실을 밝히는 직업이지만,
그 길은 결코 단순하지 않습니다.
현장에서의 판단, 증거의 수집과 관리,
그리고 그 결과에 대한 책임까지
탐정이라는 직업은 언제나 법과 윤리의 경계 위에서
냉철한 판단과 균형을 요구받습니다.

권호갑 대표의 『탐정의 리포트』는
단순한 사건 기록을 넘어
탐정이 현장에서 마주하는 현실과 갈등,
그리고 직업적 책임에 대한 깊은 성찰을 담아낸 기록입니다.
특히 증거의 의미와 한계,
그리고 탐정의 개입이 사회에 미치는 영향에 대해
현장 경험에서 우러난 통찰을 보여주고 있습니다.

대한민국 탐정 산업이 제도화와 전문화를 향해
나아가고 있는 지금의 시점에서
이와 같은 현장의 기록은
탐정 업계에 큰 의미 있는 자료이자 중요한 길잡이가 될 것입니다.

저는 한국에서 최초로 탐정제도 법제화를 위해
오랜 시간을 헌신해 왔습니다.
그 과정에서 탐정이라는 직업이

사회적으로 올바르게 자리 잡기 위해서는
현장의 경험과 기록이 반드시 필요하다는 것을
깊이 느껴 왔습니다.

이 책이 P.I.A 탐정업을 시작하려는 분들뿐 아니라
이미 현장에서 탐정으로 활동하고 있는 분들에게도
현실적인 지침서이자 의미 있는 참고서가 되기를 바랍니다.

또한 탐정이라는 직업을 준비하는 이들과
이 분야를 이해하고자 하는 독자들에게도
탐정의 역할과 책임을 이해하는데
소중한 길잡이가 될 것이라 믿으며
기쁜 마음으로 이 책을 추천합니다.

2026년 3월

하금석 법학박사
아시아공인탐정연맹 총재
대한민국공인탐정협회 회장

추 천 사　　　　　　　　백기종 원장

오랜 기간 강력 사건을 수사해 온 사람으로서
나는 늘 '증거는 말한다'는 말을 신중하게 사용해 왔다.
증거는 분명 중요하지만,
그 자체만으로 모든 것을 설명하지는 않는다.
결국 사건의 실체에 다가가는 힘은
사람의 통찰과 균형감에서 비롯된다.

권호갑 대표의 『탐정의 리포트』는
현장에서 직접 부딪히며 고민해 온 탐정의 기록이다.
이 책에는 단순한 사건 나열이 아닌
증거의 의미와 한계, 그리고 그 과정에서 발생하는 책임에 대한
진지한 성찰이 담겨 있다.

탐정이라는 직업의 현실과 책임을 이해하고자 하는 분들,
그리고 진실을 다루는 일의 무게를 알고자 하는 이들에게
이 책을 기꺼이 추천한다.

2026년 3월

백기종
대한공인탐정연구원 원장
TV·라디오 시사 사회부문 전문패널
전문가

현대 사회에서 탐정의 역할과 의의는 점점 확대되고 있습니다.
그러나 그 역할만큼이나 책임 또한 무겁습니다.
특히 정보의 수집과 활용, 그리고 사생활 보호의 문제는
탐정 직역이 반드시 신중하게 고민해야 할 영역입니다.

권호갑 탐정의 『탐정의 리포트』는
현장에서 실제로 마주한 사건을 바탕으로
증거의 의미와 한계,
그리고 윤리적 책임을 진지하게 성찰한 책입니다.

이러한 기록은 탐정 직업의 건전한 발전과
탐정 제도의 올바른 정착을 위해
반드시 필요한 담론이라고 생각합니다.

2026년 3월

강정석

사단법인 경찰청 대한공인탐정연구협회
총괄교육이사

책을 읽기 전에

사건은 언제나 조용한 곳에서 시작된다.
그리고 진실은 대부분 말하지 않는 곳에 남아 있다.

이 책은 탐정이라는 직업을 설명하기 위해 쓰여진 책이 아니다.
오히려 한 사람이 현장에서 겪어 온 시간과 기록을 있는 그대로
남기기 위해 시작된 글이다.

탐정의 일은 늘 사소한 의심과 작은 단서에서 출발한다.
누군가의 간절한 부탁에서 시작된 사건은 때로는 진실에 가까이
다가가기도 하고,
때로는 끝내 말해지지 못한 채 시간 속에 남기도 한다.

나는 그 사이에서 오랫동안 현장을 걸어왔다.
때로는 사실보다 침묵이 더 크게 남기도 했고,
때로는 작은 단서 하나가 모든 것을 바꾸기도 했다.

이 책에는 화려한 이야기보다
현장에서 마주했던 고민과 선택, 그리고 기록들이 담겨 있다.
탐정이라는 직업을 이해하려는 분들에게는 하나의 기록이 되기를
바라며,
같은 길을 걷고 있는 탐정들에게는 작은 공감이 되기를 바란다.

이 글은 누군가를 판단하기 위한 기록이 아니라

현장에서 마주했던 시간들을 담아둔 한 탐정의 리포트이다.
다만 이 책에 등장하는 사건과 인물, 장소 등은 개인정보 보호와
관련 법령을 고려하여
일부 내용과 표현이 각색되거나 변경되었음을 밝힌다.

저자 권호갑

감사의 글

이 책은 저 혼자의 기록이지만,
현장에서 함께했던 많은 탐정들의 경험과 시간이
보이지 않게 담겨 있는 기록이기도 합니다.

특히 현장에서 함께 활동했던
배정철 탐정에게도 감사의 마음을 전합니다.
같은 현장에서 고민하고 발로 뛰며
탐정의 길을 함께했던 시간들이
이 책의 한 부분으로 남아 있습니다.

또한 대한민국 탐정 제도의 발전과
탐정업의 올바른 정착을 위해 헌신하고 계신

법학박사 하금석 박사님,
아시아공인탐정연맹 총재이자
대한민국공인탐정협회 회장님께도 깊은 감사의 마음을 전합니다.

대한공인탐정연구원 원장이자
TV·라디오 시사 프로그램 사회 분야 전문 패널로 활동하고 계신
백기종 원장님,

그리고 사단법인 경찰청 대한공인탐정연구협회
강정석 총괄교육 이사님께도

깊은 감사의 마음을 전합니다.

귀한 추천의 글을 보내주신 분들께 깊이 감사드립니다.

대한민국 탐정의 길을 먼저 걸어온 선배들,
그리고 지금도 각자의 현장에서 묵묵히 활동하고 있는 모든
탐정들께 이 책을 작은 기록으로 남깁니다.

이 기록이 대한민국 탐정의 길 위에 작은 등불 하나가
되기를 바랍니다.

저자 권호갑

프롤로그

전화는 늘 밤에 울린다.

사람들이 하루를 정리하고, 거짓말마저 잠들었을 시간. 그때쯤이면 어떤 목소리는 더 이상 숨을 곳이 없어진다.

그날도 마찬가지였다.

자정을 조금 넘긴 시각, 휴대전화 화면에 낯선 번호가 떠 있었다. 받지 않아도 되었지만, 받지 않을 수는 없었다. 수화기 너머의 목소리는 낮고 조심스러웠다. 말은 단순했고, 설명은 없었다.

"지금… 올 수 있습니까."

나는 사건을 묻지 않았다. 이 일에서 질문은 늘 늦게 도착한다. 주소만 듣고 전화를 끊었다. 도착한 건물은 지나치게 조용했다. 불이 켜진 창은 드물었고, 복도에는 발소리조차 남아 있지 않았다. 사람이 머물렀던 흔적만이 어디엔가 스며든 채 남아 있었다.

흔적은 언제나 정직하다.

문제는, 그 흔적을 해석하는 인간이 늘 불완전하다는 점이다.

문 앞에 서서 잠시 멈췄다. 이 문을 여는 순간, 하나의 기록이 시작된다는 것을 알고 있었다. 그리고 그 기록은 언젠가 책임의 흔적을 남길 수밖에 없다는 사실도.

기록은 진실을 향해 나아가지만, 항상 진실에 도착하지는 않는다. 때로는 진실을 비껴가고, 때로는 진실을 훼손한 채 남는다.

그럼에도 불구하고 누군가는 문을 열어야 한다.

누군가는 어둠 속으로 첫발을 들여놓아야 한다.

나는 그 문을 열었다.

이 책은 그 순간부터 시작된 하나의 불완전한 기록이다.

1. 나는 어떻게 이 일을 시작했는가?
(한 사람이 탐정이 되기까지의 기록)

나는 오랫동안 교단에 서 있었다. 이십여 년이 넘는 시간 동안, 학교는 내 삶의 중심이었다. 하루는 종소리로 시작했고, 종소리로 끝났다. 아이들의 얼굴은 계절처럼 바뀌었고, 나는 그 변화를 지켜보며 나이를 먹었다. 그 시절의 나는, 앞으로 전혀 다른 삶을 살게 되리라고는 상상하지 못했다.

개인적인 사정으로 학교를 떠나게 되었고, 아내의 일을 돕기 위해 제주로 내려오게 되었디. 아내는 호텔과 관련된 일을 하고 있었고, 나는 그저 "잠시, 1년만 살아보자"는 가벼운 마음이었다. 우리가 자리 잡은 곳은 중문의 P 호텔 인근이었다.

하지만 제주는, 특히 겨울의 제주는 내가 알던 세상과 달랐다.
해가 기울면 어둠은 너무 빨리 내려왔고, 저녁이 되면 갈 곳도, 만날 사람도 없었다. 내가 상상하던 여행지의 제주가 아니라, 외딴섬의 시골 그 자체였다.

오히려 섬이라는 사실이 더 또렷하게 느껴지는 곳이었다,

'여기서는 오래 못 살겠다.'

그 생각은 점점 확신이 되어갔다. 그러나 다시 돌아갈 수 없는 현실 앞에서, 나는 무언가를 해야 했다.

생계를 위한 시간들

일자리는 많지 않았다. 나는 귤 판매 아르바이트를 시작했다. 하루에 일정량을 떼어내어 포장하고 판매하는 일이었다. 잘 팔리는 날도 있었고, 거의 남는 것이 없는 날도 있었다. 남은 귤은 지인들에게 보내야 했고, 그 과정에서 택배비만 상당한 비용이 들었다. 수익이라고 부르기 어려운 시간이었다.

이후에는 건설 현장에도 나가 보았다. 하루 일당을 받는 일이었지만, 교단에서 살아온 몸은 이미 현장 일을 감당하기 어려웠다. 하루를 버티는 것조차 쉽지 않았다.

그러던 중, 내가 살던 지역에 국제학교들이 있다는 사실을 알게 되었다. 자연스럽게 외국인 교사들과 인연이 닿았고, 나는 한국어를 가르치는 일을 시작했다. 수업은 순조로웠고, 학부모들과도 자연스럽게 교류하게 되었다.

식사를 함께하고, 가끔은 술잔을 기울이기도 했다. 그들 중 한 가족은 유난히 여유로워 보였다. 생활 태도, 말투, 소비 방식까지 모든 것이 차분했다. 나는 그저 '잘 사는 집이구나' 정도로만 생각했다.

제안

어느 날, 그 집의 가장이라는 사람이 조심스럽게 말을 꺼냈다. 자신이 하는 일이 있는데, 함께 해보지 않겠느냐는 제안이었다.

설명은 단순했다. 카지노에서 돈을 잃은 사람들이 고급 시계를 헐값에 넘기는데, 그 시계를 구입해서 해외에 가져가 되팔면 큰 이익이 난다는 구조였다. 어떤 시계는 시가가 1억 5천만 원에 이른다고 했다. 직원도 셋이 있고, 본인은 해외 출장도 다닌다고 했다. 내게는 투자만 하면 되고, 처음엔 500만 원만 해보라는 제안이었다.

나는 큰 의심 없이 돈을 건넸다.
친분도 있었고, 사람이 너무 자연스러웠다. 5일 후, 그는 해외에 다녀왔다며 100만 원을 얹어서 원금과 함께 돌려주었다. 5일 만에 100만 원의 수익이었다. 너무 이상했다. 나는 이자를 받지 않겠다고 했지만, 그는 "내 몫이니 받아야 한다"고 했다. 해외를 오가며 고급 시계를 되파는 구조였고, 소액으로 시작해 볼 수 있다는 말이었다. 나는 큰 의심 없이 소액을 맡겼고, 며칠 후 큰 이자의 몫으로의 금액이 돌아왔다.

이상하다고 느끼면서도, 동시에 사람에 대한 신뢰가 작동했다. 그러나 추가 제안이 이어졌을 때, 나는 아내와 상의했고, 결국 더 깊이 관여하지 않기로 했다.

그 선택이 모든 것을 바꾸지는 않았지만, 나를 사건의 중심으로 끌어들이는 계기가 되었다.

사라진 사람, 남겨진 사람들

시간이 흐른 뒤, 그 가족은 해외로 떠났고, 그와의 연락도 자연스럽게 끊어졌다. 얼마 지나지 않아 낯선 사람들이 나를 찾아오기 시작했다. 그들은 공통적으로 한 사람을 찾고 있었다.

이야기를 종합해보니, 구조는 비슷했다.
처음에는 소액, 이후에는 점점 커지는 금액. 그리고 어느 순간 연락이 끊겼다는 점. 누군가는 전 재산을 잃었다고 말했고, 누군가는 평생 모은 돈이었다고 했다. 나는 그제야 상황의 무게를 실감하기 시작했다.

그러나 그때까지도, 확정된 사실은 없었다. 모든 것은 각자의 말과 기억, 그리고 남아 있는 기록뿐이었다.

내가 움직이기로 한 이유

누군가 나에게 부탁한 것은 아니었다. 대가도 없었다.
다만 이 일이 여기서 멈추지 않으면, 아무도 끝내지 않을 것 같았다.

나는 그가 다녔던 식당, 카페, 술집을 하나씩 찾아다녔다.
사람들은 비슷한 기억을 하고 있었다.

"조용한 사람이었다."
"늘 같은 시간에 왔다."
"혼자 앉아 있었다."

추석 연휴가 다가오고 있었다. 대부분의 가게가 문을 닫는 시기였다.
나는 혹시 모를 상황에 대비해 연락처를 남겼다.

그날

긴 연휴 마지막 날, 전화가 울렸다.

"그 사람이 지금 왔어요."

나는 차에 올랐고, 잠시 멈춰 섰다가 112에 전화를 걸었다. 판단은 조심스러웠다. 경찰에 상황을 설명했고, 현장으로 향했다.

식당에 도착했을 때, 이미 경찰이 와 있었다. 그는 저항하지 않았다.
놀라움도, 당황도 크게 드러나지 않았다. 마치 언젠가는 이런 날이 올

것을 알고 있었던 사람처럼 보였다.

나는 멀리서 그 장면을 지켜보았다.

이후

그날 밤, 여러 사람의 전화기에서 동시에 울음이 터졌다고 들었다. 모든 문제가 해결된 것은 아니었다. 사라진 돈은 쉽게 돌아오지 않았다. 그러나 적어도, 더 이상 질문이 허공을 향하지는 않게 되었다.

이 사건 이후, 나는 달라졌다.

말보다 기록을, 설명보다 행적을 보게 되었다.

그것이 내가 처음으로 '사람을 찾는 일'을 한 날이었다. 그리고 그것이, 내가 살아가야 할 방향이라는 사실을 알게 된 순간이었다.

2. 메뉴가 말해주고 있었다
(사건은 늘 사소한 곳에서 시작된다)

전화를 받았을 때, 상대는 한동안 말을 시작하지 못했다. 수화기 너머로 들린 것은 문장이 아니라 숨과 울음이었다. 억누르려다 실패한 감정은 말보다 먼저 터져 나왔다.

나는 아무 말도 하지 않은 채 수화기를 귀에 댔다. 이런 전화는 서두르면 안 된다. 사람의 마음이 무너지는 순간, 누군가 재촉하면 그 균열은 더 깊어진다. 말을 꺼내기까지 필요한 시간은 사람마다 다르다.

잠시 후, 의뢰인은 숨을 고르고 입을 열었다. 남편이 바람을 피우는 것 같다고 했다. 확실한 증거는 없었다. 다만 행동이 달라졌고, 눈빛이 변했으며, 말수가 줄었다고 했다. "여자의 직감"이라는 말이 조심스럽게 덧붙여졌다.

나는 늘 하던 질문을 던졌다.

증거를 잡으면 무엇을 할 생각인지, 상간 소송을 할 것인지, 이혼을 할 것인지, 관계를 끊게 만들고 싶은 것인지, 아니면 단순히 확인만 하고 싶은 것인지.

의뢰인은 한동안 침묵했다. 그리고 낮은 목소리로 말했다.

"다요."

그 한마디에 이 사건의 성격이 분명해졌다. 이건 단순한 의심이 아니었다. 배신당했다는 확신과, 그럼에도 아직 정리되지 않은 미련이 뒤엉

킨 상태였다.

우리는 5일간의 계약을 체결했다. 착수금은 전체 금액의 절반. 나는 계약서에 사인을 받으며, 늘 그렇듯 사건의 끝을 가늠해 보았다. 이런 사건의 끝은 언제나 비슷하면서도 다르다. 증거가 나왔다고 해서 끝나는 일은 하나도 없다.

첫날 아침, 의뢰인은 남편이 집을 나서는 순간 바로 연락을 줬다. 청바지에 반팔 흰 셔츠. 복장은 어제와 같았고, 동선도 비슷할 거라고 했다. 남편은 자가용을 이용하지 않았고, 주로 버스와 지하철을 이용했다.

미행은 인내의 작업이다. 첫날은 대개 허탕이다. 남편은 평범한 직장인처럼 출근했고, 점심을 먹고, 정시에 퇴근했다. 회사와 집을 오가는 단조로운 동선. 나는 괜히 오늘은 아닐까 기대했지만, 기대는 늘 실망으로 끝난다.

둘째 날도 크게 다르지 않았다.

점심시간 무렵, 남편은 가방을 들고 회사 밖으로 나왔다. 나는 동료에게 차량을 맡기고 직접 미행에 나섰다. 지하철을 타고 이동한 그는 익숙한 듯한 커피숍으로 들어갔다.

순간 직감적으로 생각했다.

'회사 여자겠구나.'

1층에는 손님이 아무도 없었다. 잠시 헛걸음을 한 느낌이 들었지만,

너무 긴장한 탓에 2층이 있다는 사실을 잠시 잊고 있었다. 커피를 들고 계단을 오르자, 그들이 보였다.

남편과 스무 살은 족히 차이 나 보이는 여성.

두 사람은 각자 노트북을 펼쳐 놓고 있었지만, 시선과 몸의 방향은 끊임없이 서로를 향하고 있었다. 일하는 척하는 연인들의 전형적인 모습이었다.

나는 오래 머물지 않았다. 이런 장면에서 중요한 건 관찰이 아니라 거리다. 들키지 않는 것이 최우선이다.

30분쯤 지나 두 사람은 커피숍을 나왔다. 자연스럽게 팔짱을 끼고, 아무 망설임 없이 김치찌개 집으로 들어갔다. 메뉴 선택이 모든 걸 말해 주고 있었다. 이건 일회성 만남이 아니었다. 생활의 일부가 된 관계였다.

식사를 마친 두 사람은 마치 산책이라도 하듯 걷다가 갑자기 시야에서 사라졌다. 순간 심장이 철렁 내려앉았다. 주변을 둘러보니 그들은 모텔로 들어가고 있었다.

그 시기는 전국이 코로나 공포에 휩싸여 있던 때였다. 모텔 앞 커피숍에서 3~4시간을 지켜보는 동안 20쌍이 넘는 불륜 커플들로 보이는 이들이 마스크로 얼굴을 가린 채 들락거렸다.

서로의 손을 꼭 잡고 빠르게 안으로 사라지는 모습. 그곳은 그들만의 도피처였다.

의뢰인에게 전화를 걸었다.

"지금 모텔에 들어갔습니다."

“그런데 남편의 직업이 뭐예요?”

그 회사 변호사 였다.

직업이 사람을 설명해 주지 않는다.

시간이 길어질수록 의뢰인의 목소리는 날카로워졌다. 왜 아직도 안 나오느냐고, 도대체 안에서 뭘 하고 있느냐고 물었다.

“그건 저도 알 수 없습니다.”

그 말을 끝내려는 순간이었다. 두 사람이 모습을 드러냈다.

동료가 정확하게 증거를 포착했다. 탐정 일은 기다림과 놓침의 연속이다. 10시간을 잠복해도 한순간을 놓치면 모든 게 끝이다.

그날은 운이 좋았다.

셋째 날과 넷째 날은 아무 일도 없었다.

정상 출근, 정상 퇴근. 사람의 일상은 불륜이 있어도 쉽게 무너지지 않는다.

마지막 날,

남편은 출근하자마자 회사에서 나왔다. 지하철을 갈아타고 노량진역에 서 내렸다. 또 다른 커피숍. 또 그 여자였다.

이번에는 오래 머물지 않았다. 팔짱을 낀 채 걷다가 먹거리를 사 들고 갑자기 사라졌다. 노량진 언덕 사육신 묘 건너편 모텔. 그 장소가 주는 위화감에 잠시 발이 멈췄다.

충신들이 목숨을 바친 자리 바로 옆에서 불륜이 반복되고 있다는 사실
이 쉽게 받아들여지지 않았다.

성삼문의 사시가 떠올랐다.

"북소리 둥둥 울려 사람 목숨 재촉하네.

고개돌려 뒤를 보니 해는 서산에 지는데

황천길에는 여인숙도 없다하네.

아... 오늘밤 뉘집에 묵어갈건가."

5시간 뒤, 두 사람은 모텔을 나왔다. 마지막 증거를 확보해 의뢰인에
게 전달했다. 의뢰인은 아이 셋을 데리고 별거 중이라고 했다. 이혼을
준비하고 있다는 말만 전해 들었다.

사건은 끝났지만, 누군가의 인생은 이제부터가 시작이다.

나는 마지막 말을 의뢰인에게 전했다.

"인생사 **새옹지마**라고요. 좋은 일 있을 겁니다."

이 일은 언제나 그렇다.

그러나 사건이 끝났다고 해서
모든 것이 끝나는 것은 아니었다.

진실을 알고 있는 것과,
그것을 증명하는 것은
전혀 다른 문제였기 때문이다.

나는 그 차이를
수없이 목격해 왔다.

그리고 그 차이 앞에서
증거는 끝내 침묵했다.

탐정의 사색

나는 늘 사건의 끝에서 혼자 남는다. 증거는 정리되고, 사진은 봉투에 들어가며, 의뢰인은 결심을 안고 돌아간다. 그다음은 내 몫이 아니다. 그럼에도 불구하고, 늘 그다음을 생각한다. 이 일의 끝이 과연 끝이었는지.

탐정은 사실을 다루는 직업이라고들 말한다.

하지만 내가 마주하는 것은 언제나 사실보다 **사실이 남긴 흔적이다.** 누군가는 배신을, 누군가는 선택을, 누군가는 우연을 남긴다. 나는 그 것들을 주워 담아 정렬할 뿐이다. 정의의 저울 위에 올려놓지도 않고, 판결의 문장을 쓰지도 않는다. 그건 내 일이 아니다.

그러나 완전히 무관할 수는 없다. 카메라 셔터를 누르는 손이 떨릴 때가 있고, 잠복 중인 밤에 스스로에게 묻는 질문이 있다.

'이 장면을 기록하는 내가 과연 중립적인가.'

사람들은 불륜을 말할 때 늘 단정부터 한다. 누가 잘못했고, 누가 더 나쁜지. 하지만 현장에서 마주하는 얼굴들은 그런 단정으로는 설명되지 않는다. 어떤 얼굴은 너무 익숙하고, 어떤 손짓은 너무 생활화되어 있다. 반복되는 동선과 메뉴, 망설임 없는 발걸음. 그 모든 것이 말해 준다. 이건 충동이 아니라 **일상**이라고.

나는 도덕의 심판자가 아니다.

그 사실이 나를 안심시키는 날도 있고,
더 불편하게 만드는 날도 있다. 증거를 확보한 날, 의뢰인의 목소리가 갈라질 때면 내가 전달한 것이 과연 '진실'이었는지, 아니면 '결정'을 강요한 것은 아닌지, 잠시 멈춰 서게 된다.

이 일은 기다림의 연속이다. 기다리다 보면 생각이 많아진다. 왜 사람들은 위험을 감수하면서까지 관계를 이어가는가. 왜 들킬 수밖에 없는 선택을 반복하는가.

아마 답은 간단하다.

사람은 언제나 자신에게 유리한 확률만 본다. 불리한 결과는 남의 일이 된다. 탐정의 윤리는 법보다 느리고, 감정보다 빠르다. 선을 넘지 않기 위해 나는 규칙을 만든다. 추측을 사실로 말하지 않는다. 가능성을 단정으로 바꾸지 않는다. 증거가 말하도록 두고, 나는 침묵한다. 그 침묵이 때로는 가장 잔인하다는 것도 안다.

사건이 끝나고 집으로 돌아오는 길, 나는 늘 같은 생각을 한다.

'오늘도 누군가의 인생에서 되돌릴 수 없는 장면을 하나 더 만들었다.'

그렇다고 일을 멈추지는 않는다. 이 일은 필요하다. 확인되지 않은 의심은 사람을 갉아먹고, 모르는 채로 버티는 시간은 진실을 마주하는 순간보다 더 잔인하다.

적어도 나는 의뢰인이 상상으로 스스로를 벌하지 않게 만든다. 그것이 이 일의 최소한의 이유다.

나는 증거를 만들지 않는다. 다만 이미 존재하는 장면을 조금 더 선명하게 보여줄 뿐이다. 선명해진 진실 앞에서 무너질지, 다시 세울지는 의뢰인의 선택이다.

사건을 지나며 나는 확신하게 된다. 사람의 삶에는 정답보다 **감당**이 필요하다는 것을. 어떤 선택을 했든, 그 선택을 끌어안고 살아갈 힘이 있는가. 탐정은 그 힘을 대신 가져다주지 않는다.

오늘도 파일을 닫는다.

도시의 불빛은 여전히 밝고, 어딘가에서는 또 다른 만남이 시작될 것이다. 나는 내일도 같은 질문을 품고 현장에 나갈 것이다.

이 일이 옳은가, 아니면 필요한가.

적어도 지금까지는, 필요했다.

I부. 증거가 무력해지는 순간들

1. 진실이 있어도 증거가 되지 못하는 이유

사진이 있었다.
메시지도 있었다.
통화 기록과 만남 정황까지 확보되어 있었다.

그런데도 법정에서는 그 증거들이 법적 효력이 떨어지는 경우가
적지 않다.
의뢰인 입장에서는 도저히 납득하기 어려운 순간이다.
"이 정도면 명백한데, 왜 인정이 안 되나요?"

현장에서 수없이 반복되는 질문이다.

많은 사람들이 착각한다.
증거의 '양'이 많으면 이길 수 있다고.
하지만 법정에서 중요한 것은 증거의 개수가 아니라
증거의 성격과 맥락이다.

1). 증거 수집 과정이 문제 되는 순간

법원은 결과보다 과정을 먼저 본다.
사진이 무엇을 찍었는지보다,
어떻게 찍었는지를 묻는다.

불법 침입, 위치 추적, 사생활 침해 소지가 있는 방식으로 수집된

증거는
내용이 아무리 명확해도 다툼의 대상이 된다.
이 경우 증거는 상대를 공격하는 무기가 아니라,
오히려 자신의 약점이 되고 법정에서는 쉽게 배제된다.

2). 증거는 있지만 '쟁점'과 어긋난 경우

불륜 사실을 입증하는 것과
법적 책임을 입증하는 것은 다르다.

사진이 불륜을 보여주더라도
그 불륜이 소송의 핵심 쟁점과 직접 연결되지 않으면
증거로서의 효력은 급격히 약해진다.

법원은 감정이 아니라
쟁점과 인과관계로 판단한다.
이 지점을 놓치는 순간, 증거는 결정적 자료가 아니라
그저 설명 자료에 그친다.

3). 원본성·신빙성이 흔들리는 경우

캡처 이미지, 편집된 파일, 전달 경로가 불분명한 자료는
증거 능력에서 가장 먼저 공격받는다.

“이 자료가 처음부터 이런 형태였습니까?”
이 질문에 명확히 답하지 못하는 순간,
증거의 무게는 급격히 줄어든다.

증거는 사실을 보여주는 도구이지만,
동시에 끊임없이 검증받는 대상이다.

4). 제3자 개입으로 증거의 성격이 바뀌는 경우

탐정이 개입했다고 해서
모든 증거가 자동으로 합법이 되는 것은 아니다.

오히려 문제는 그 이후에 발생한다.
의뢰인이 증거를 제3자에게 유포하거나
목적과 다른 방식으로 사용하면서
증거의 성격 자체가 변질되는 경우가 많다.

이때 법정에서는
‘증거의 내용’보다
‘증거가 사용된 방식’이 문제 된다.

5). 민사와 형사를 혼동한 경우

불륜 증거는

민사와 형사에서 전혀 다른 기준으로 평가된다.
민사에서는 손해와 인과관계가 중심이 되고, 형사에서는 구성요건과 위법성이 먼저 검토된다.

이 차이를 이해하지 못한 채 같은 증거로 같은 결과를 기대하는 순간, 전략은 어긋난다. 증거가 부족해서가 아니라, **판단의 무대를 잘못 선택**했기 때문이다.

6). 증거는 진실이지만, 항상 결정적 요소는 아니다.

현장에서 느끼는 현실은 명확하다.
증거는 분명 진실을 담고 있지만,
그 진실이 언제나 법정에서 힘을 갖는 것은 아니다.

중요한 것은
언제, 어떤 목적을 위해,
어떤 방식으로 사용되는가이다.

이 책에 등장하는 여러 사건들 역시
결국 이 지점에서 갈린다.
증거가 있었느냐의 문제가 아니라,
증거가 **올바른 방향으로 사용되었느냐**의 문제였다.

그래서 나는 늘 같은 말을 한다.
증거를 모으기 전에,
먼저 상황을 정리해야 한다고.

2. 증거가 말하지 못하는 시간

많은 사람들은 증거를 확보하는 순간
이미 싸움의 절반은 이겼다고 생각한다.
그러나 실제로는 그 시점부터 전혀 다른 판단의 문제가
시작된다.

증거는 존재한다고 해서
곧바로 의미를 갖지 않는다.
말할 수 있는 순간은 항상 따로 있다.

그 시점에 이르기 전까지 증거는
아무런 효력을 행사하지 못한 채 침묵한다.

1). 타이밍이 어긋난 증거

증거는 언제 제출되느냐에 따라
의미가 달라진다.

너무 이른 제출은
상대에게 대응할 시간을 주고,
너무 늦은 제출은
"왜 지금인가?"라는 의심을 만든다.

증거가 사실을 담고 있어도
말해야 할 시간을 놓치면

그 진실은 법정에 닿지 못한다.

2). 감정을 앞세운 증거 사용

억울함은 이해된다.
분노 역시 자연스럽다.

하지만 법정에서 감정은
증거를 강화하지 않는다.
오히려 증거의 방향을 흐린다.

증거를 설명하는 말이
사실보다 감정에 가까워지는 순간,
판단자는 증거보다 태도를 먼저 보게 된다.

3). 목적이 불분명한 증거

이 증거로
무엇을 입증하려는지 명확하지 않으면
증거는 자료에 그친다.

불륜을 입증하려는 것인지,
책임을 묻기 위한 것인지,
손해를 설명하기 위한 것인지가

분명하지 않을 때
증거는 방향을 잃는다.

증거는 항상
목적을 전제로 만들어진다.

4). 증거에 모든 것을 기대하는 순간

증거 하나로
상황이 단번에 정리될 것이라는 기대는
가장 위험한 착각이다.

현실의 판단은
증거 하나가 아니라
여러 요소의 조합으로 이루어진다.

증거는 중요한 조각이지만
전체 그림은 아니다.

증거가 제 역할을 발휘하지 못하는 순간은
대부분 증거 자체의 문제가 아니라
사용 방식의 문제에서 시작된다.

그래서 증거는
확보보다 운용이 더 중요하다.

3. 탐정의 개입, 불편한 진실

탐정이 개입하면
모든 것이 합법적으로 정리될 것이라
사람들은 쉽게 믿는다.

하지만 현실은 다르다.
탐정의 개입이
모든 문제를 단순하게 만들기도 하지만,
동시에 또 다른 오해를 남긴다.

1). 탐정이 하면 다 괜찮다는 착각

탐정은
의뢰인을 대신해 움직일 수 있지만,
의뢰인의 책임까지 대신 살아주지는 않는다.

탐정의 행위가 합법이라 하더라도
그 결과를 사용하는 과정에서
문제가 생기면
책임은 결국 의뢰인에게 돌아간다.

이 경계가 가장 자주 무너지고, 그때
가장 큰 문제가 생긴다.

2). 역할이 섞이는 순간

탐정의 역할은
사실을 확인하고 정리하는 데 있다.
판단과 결정은
의뢰인의 몫이다.

하지만 많은 경우
이 역할이 뒤섞인다.
탐정이 방향을 정해주길 바라고,
의뢰인은 그 방향에 모든 것을 맡긴다.

이 순간부터
문제는 복잡해진다.

3). 증거 이후의 관리가 사라지는 경우

증거를 확보한 이후가
더 중요하다.

누구에게 보여줄 것인지,
어디까지 공개할 것인지,
어떤 절차를 거칠 것인지에 따라
증거의 성격은 완전히 달라진다.

이 관리가 사라지는 순간,
증거는 보호가 아니라
오히려 위험의 결과를 만든다.

4). 탐정이 보호막이 될 것이라는 기대

탐정이 개입했다는 사실이
법적 위험을 막아줄 것이라는 기대는
현실과 거리가 있다.

법정은
누가 했느냐보다
무엇이 어떻게 사용되었는지를 본다.

탐정은 법적 책임을 대신 부담하는 존재가 아니다.
증거 수집을 위한 하나의 수단에 불과하다.

탐정의 개입은
분명 도움이 될 수 있다.
하지만 그 도움은
탐정의 역할과 한계가 정확히 인식된 경우에만
의미를 가진다.

경계를 지키지 못하는 순간, 도움은 법적 오해로 바뀐다.

Ⅱ부. 사건은 그렇게 시작됐다

1. 그날 밤, 외제차량은 남쪽으로 향했다

이번 의뢰 역시, 시작은 익숙했다. 배우자의 외도를 확인해 달라는 요청. 이제는 낯설지 않은 의뢰임에도, 이상하게도 이런 사건 앞에 서면 늘 처음처럼 긴장하게 된다.

의뢰인은 차분한 말투로 상황을 설명했다. 직접적인 증거는 없었지만, 확신에 가까운 의심이 오래도록 마음을 떠나지 않는다고 했다. 그 확신은 감정이 아니라, 생활의 균열에서 비롯된 것이었다.

탐정 일을 하다 보면 알게 된다. 의심은 대부분 갑자기 생기지 않는다. 시간, 거리, 반복되는 부재. 그리고 설명되지 않는 공백들. 그것들이 겹치면 사람은 결국 질문을 하게 된다.

"아무리 생각해도, 누군가 있는 것 같아요."

그 말에는 망설임보다 체념에 가까운 감정이 담겨 있었다.

의뢰인의 설명에 따르면, 부부는 겉으로 보기엔 평범한 생활을 이어가고 있었다. 주중에는 각자의 자리에서 바쁘게 일했고, 주말이면 함께 시간을 보내곤 했다. 그러나 바로 그 점이 이상했다. 너무 규칙적이고, 너무 정돈된 생활.

며칠 뒤, 상황은 조금 달라졌다. 배우자가 지방으로 내려와 개인적인 용무를 처리하겠다고 했다는 것이다. 일정은 짧았고, 목적은 명확하지 않았다. 그 이후, 귀가하지 않고 며칠을 더 머물겠다는 연락이 왔다고 했다. 그 이후 상황은 더 이상 우연처럼 보이지 않았다.

그때부터였다. 이 사건이 단순한 확인 작업이 아닐 수도 있겠다는 직감이 들었다.

우리는 그가 머무는 지역 근처에 자리를 잡았다. 관찰은 조용히, 최대한 일상의 흐름을 해치지 않는 선에서 진행됐다. 그는 거의 움직이지 않았다. 외출도, 만남도 없었다. 식사는 대부분 배달로 해결했다.

마치 무언가를 기다리는 사람처럼.

그리고 약속된 날이 되자, 그는 움직이기 시작했다. 정해진 시간에 맞춰 외출했고, 간단한 절차를 마친 뒤 다시 이동했다. 우리는 그 뒤를 따랐다.

그날 밤, 그는 차량을 몰고 도시를 벗어났다. 방향은 북쪽이 아니었다. 차량은 점점 남쪽으로 향했고, 속도는 서서히 빨라졌다.

그 선택이 모든 흐름을 바꿨다.

기다림이 끝난 자리에서

도착한 곳은 낯선 지역의 빌라촌이었다. 깔끔하고 조용한 곳. 사람들의 왕래는 많지 않았다.

그는 그곳에 주차하고 차량안에서 모습을 드러내지 않았다. 늦은 밤이었지만, 피곤해 보이지는 않았다. 잠시 후, 다른 차량이 도착했고, 그는 자연스럽게 그 사람을 맞이했다.

말이 필요 없는 장면이었다. 서로를 대하는 태도, 거리, 시선. 오랜 시간 축적된 관계에서만 나오는 움직임들이었다.

우리는 서두르지 않았다. 이런 상황에서는 기다림이 가장 정확한 증거를 데려온다. 그리고 늦은 시간 모텔로 이동했다.

다음 날 아침. 우리는 이른 시간에 체크아웃을 마치고 멀찍이 떨어진 곳에서 대기했다. 오전 10시쯤, 그들이 모습을 드러냈다. 남자는 여자가 차량에 오르기 전 문을 열어주었다. 자연스러웠다. 너무 자연스러워서 오히려 오래된 관계임을 알 수 있었다. 우리는 그 장면을 촬영해 의뢰인에게 전송했고, 다시 뒤를 쫓았다.

차량은 전날밤 주차했던 장소로 돌아왔다. 두 사람은 함께 한 빌라로 들어갔다. 1층은 필라테스 학원, 2·3·4층은 가정집 구조였다.

그들의 행동은 조심스러웠지만, 동시에 익숙해 보였다. 차량이 다시 멈춘 곳은 생활의 흔적이 남아 있는 공간이었다. 일시적인 방문이라기엔 설명되지 않는 장면들이 이어졌다. 옷가지, 생활 물품, 반복되는 출입. 그 공간은 '머무는 곳'이 아니라 '사는 곳'에 가까웠다.

잠시 후, 재활용 트럭이 도착했다. 남자는 3층으로 올라가 재활용 옷가지들을 한가득 들고 내려왔다. 생활의 흔적이었다. 잠깐 기사와 이야기를 나누며 시간을 보내는 모습은, 그가 이곳을 **일시적인 장소가 아니라 생활 공간으로 사용하고 있다는** 증거였다.

시간이 조금 더 흐른 뒤, 남자는 차량을 몰고 근처 공영주차장으로 이동했다. 그리고 다시 빌라로 돌아와 이번에는 **여자의 차량에 동승**했다.

여자는 스튜어디스 복장이었다. 차에 오르던 순간 비가 내리기 시작했는데, 남자는 자연스럽게 우산을 씌워주었다. 그 장면이 유독 눈에 남았다. 연인이라는 단어 외에는 설명이 되지 않는 모습이었다.

잠시 후, 길을 잘 아는 동료가 말했다.

"이 방향이면… 공항이야."

그 말 한마디로 모든 퍼즐이 맞춰졌다. 관계는 설명보다 행동으로 드러난다. 동선과 시간, 그리고 선택된 방향을 종합해 보면 그가 향하고자 했던 목적지는 명확해졌다.

그 순간, 이 사건이 처음부터 어디를 향하고 있었는지 분명해졌다.

우리는 의뢰인에게 사실을 전달했다. 판단은 그 이후의 문제였다.

남편은 회사에서 해외 출장을 간다고 말했고, 출발지는 김포공항이라고 했다. 그 외제차량은 미국에 유학 중인 **처남의 차량**이었고, 현재는 공영주차장에 세워져 있었다.

여자가 입은 유니폼만 봐도 어느 항공사인지 단번에 알 수 있었고, 김해 출발 해외노선 스케줄은 검색 한 번이면 확인 가능했다. 차량 위치 사진을 찍어 의뢰인에게 전달한 뒤, 우리는 일을 마무리했다. 더 이상 할 일은 없었다.

며칠 뒤, 의뢰인에게서 다시 연락이 왔다. 외제차량 키를 가지고 아버지가 직접 차를 찾으러 갔고, 차 안에는 남편의 가방이 있었다고 했다.

그 가방 안에는 수많은 증거와 블랙박스 영상, 상황을 설명할 수 있는 기록들이 들어 있었다고 했다.

변호사는 "이 정도면 증거를 더 가져올 필요도 없다."고 말했다고 한다.

결국, 사건은 법적인 절차로 이어졌고 처음 예상했던 방향과는 다른 결론에 도달했다. 의뢰인은 해외여행을 마치고 돌아온 남편의 상황을 상상하다가 분노가 아니라, 묘한 성취감과 함께 웃음이 나왔다고 했다.

나는 그 이야기를 들으며 생각했다.

탐정의 일은 진실을 만들어내는 것이 아니다. 이미 존재하는 사실이 스스로 모습을 드러낼 때까지 조용히 기다리는 일이다.

탐정의 사색

나는 언제부터인가 사람의 말을 믿지 않게 되었다. 대신, 그들이 말을 하지 않는 순간을 본다. 눈길을 피하는 타이밍, 차량을 멈추는 위치, 설명 없이 늘어난 하루의 공백. 진실은 늘 말 밖에 있었다.

의뢰인은 늘 같은 질문을 한다.

"확실한가요?"

그 질문 앞에서 나는 잠시 망설인다. 확실함이라는 단어는, 이 일에서 가장 위험한 말이기 때문이다.

내가 보는 것은 사실이 아니다. 내가 보는 것은 **흔적**이다. 시간이 남긴 자국, 선택이 만들어낸 방향, 그리고 반복되는 패턴. 그것들은 말하지 않지만, 거짓말도 하지 않는다.

나는 그날 밤, 차량이 남쪽으로 향하는 것을 보았다. 그 방향이 왜 중요한지, 그 순간에는 나도 알지 못했다. 다만 경험이 말해주었다. 사람은 목적지가 있을 때 속도를 조절한다는 것을.

기다림은 늘 길다. 그러나 기다림이 끝났을 때 사람은 자신의 얼굴을 숨기지 못한다. 익숙한 만남 앞에서는 경계가 느슨해지기 마련이다.

그들의 거리는 설명이 필요 없었다. 손짓 하나, 우산을 씌워주는 각도, 함께 걷는 속도. 연인이라는 단어를 쓰지 않아도 관계는 이미 완성되어 있었다.

나는 카메라를 들고 있었지만 결국 찍히는 것은 사람의 선택이었다. 증거란, 결정적인 한 장의 사진이 아니라 되돌릴 수 없을 만큼 쌓인 생활의 무게다.

사건이 끝난 뒤 의뢰인은 조용히 말했다.

"생각보다 담담하네요."

나는 그 말을 이해했다. 확인은 분노를 낳지 않는다. 오히려 분노를 정리한다. 사람은 의심 속에서는 무너지고 확인 속에서는 체념한다.

탐정의 역할은 누군가를 무너뜨리는 것이 아니다. 이미 무너진 마음이 왜 무너졌는지를 스스로 납득하게 만드는 일이다.

그래서 나는 결론을 말하지 않는다. 판단도 강요하지 않는다. 내가 할 수 있는 것은 사실이 스스로 드러날 때까지 조용히 지켜보는 것뿐이다.

어쩌면 이 일은 진실을 찾는 직업이 아니라 사람이 진실을 받아들일 준비가 되었는지를 확인하는 일인지도 모른다.

오늘도 사건은 끝났고 나는 기록을 닫는다. 그러나 어떤 밤은 쉽게 잠들지 못한다.

나는 늘 묻는다. 내가 본 것이 정말로 진실이었는지, 아니면 진실처럼 보이게 된 선택의 결과였는지.

탐정은 답을 갖지 않는다. 다만, 질문을 끝까지 들고 서 있을 뿐이다.

2. 그들은 이미 함께 살고 있었다

그녀의 전화는 늦은 오후에 걸려왔다. 목소리는 낮았고, 말끝마다 숨이 짧게 끊어졌다. 감정을 억누르려 애쓰는 사람에게서만 들을 수 있는 음성이었다.

의뢰인은 오십 대 후반의 여성이었다. 이미 혼인 관계에 있다는 사실을 알고 있으면서도, 어디에도 털어놓지 못한 이야기를 누군가에게는 반드시 말해야만 하는 상태였다.

"남편을 좀 확인해 주세요. 아이가 넷인데… 요즘 들어 집에 있는 시간이 거의 없어요. 바람을 피우는 것 같아요. 그중 막내는… 세가 입양한 아이예요."

그녀는 말을 고르듯 천천히 이어갔다. 남편은 회사 일로 해외 출장을 다녀온다고 했고, 그 기간은 대개 일주일 남짓이었다. 그러나 그사이, 그녀 앞으로 이혼 소송 서류가 도착했다.

"정말 싸운 적도 한번 없었어요. 갑자기 이혼이라니요. 뭔가… 제가 모르는 일이 벌어지고 있는 것 같아요."

그 말 뒤에 이어진 짧은 침묵을 나는 기억한다. 설명되지 않는 공백이 가장 많은 이야기를 담고 있을 때가 있다.

조사는 남편의 직장 주변에서 시작되었다. 그의 생활 반경과 일상 동선을 중심으로, 외부에서 확인 가능한 범위 내의 정황을 하나씩 쌓아 갔다.

결과는 예상보다 명확했고, 동시에 잔인했다.

그는 이미 다른 여성과 일상을 공유하고 있었다. 두 사람의 나이 차는 꽤 났고, 여성은 남편의 거래처와 연결된 회사에서 근무 중인 인물이었다. 직접적인 관계를 단정할 수 있는 표현 대신, 그들의 행동은 하나의 생활 양식처럼 반복되고 있었다.

어느 날, 두 사람이 함께 거주하는 것으로 보이는 고급 아파트에서 동시에 외출하는 장면이 확인되었다. 그 모습은 서두르지 않았고, 숨기려는 기색도 없었다. 오래 함께 살아온 사람들처럼 자연스러웠다.

같은 시간대, 같은 동선, 반복되는 귀가와 외출. 그 장면들은 일시적인 만남이 아닌, 이미 삶의 궤도가 겹쳐진 사람들의 풍경처럼 보였다.

의뢰인은 그 사실을 전해 듣고 분노했다. 분노 뒤에는 곧 절망이 따라왔다.

"우리 집은 지금 생활비도 빠듯해요. 아이 넷을 키우는 것도 벅찬데… 저 사람은 저렇게 살고 있더라고요."

그녀는 결국 그 여성이 거주하는 곳을 알아냈고, 감정을 이기지 못한 채 그 여성의 부모에게 항의성 방문을 했다고 했다. 그 행동은 인간적으로 이해할 수 있는 선택이었지만, 법은 감정을 기준으로 판단하지 않는다.

그 일로 그녀는 스토킹 관련 법률 위반 혐의로 경찰 조사를 받게 되었다. 사실의 맥락과 상관없이, 결과만 놓고 보면 법적 책임이 따르는 상황이었다.

"이게… 말이 되나요? 가정을 떠난 사람과 상간녀는 멀쩡하고, 남겨진 사람이 죄인이 되는 세상이라니요."

그 말은 질문이라기보다 체념에 가까웠다. 그리고 그 체념은 이 사건을 지켜보는 나에게도 묵직한 피로로 남았다.

그들은 공식적으로는 여전히 부부였다. 법적으로 혼인은 유지되었고, 법원은 이혼을 허락하지 않았다. 함께 살지는 않지만, 관계는 끝났다고 말할 수 없는 상태.

그 애매한 경계 속에서 의뢰인은 최소한의 생활비와 양육비를 받으며 아이들과 함께 하루하루를 버티듯 살아가고 있었다. 사진과 영상 속에서 남자는 웃고 있었고, 여성은 당당해 보였다. 의뢰인은 그 장면을 보며 말했다.

"저 사람… 어릴 때부터 제가 돈 벌어 공부시키고, 뒤에서 다 책임졌어요. 이렇게 돌아올 줄은 정말 몰랐어요."

합법적으로 확보된 자료 속에서 그들이 거주하던 공간과 생활 방식은 확인되었고, 그 여성은 출산을 앞둔 상황으로 알려졌다. 더 이상 부인할 수 없는 현실이었다.

그럼에도 불구하고, 이혼 소송의 결과는 그녀가 예상한 방향으로 흘러가지 않았다. 그래서 지금도, 그들은 법적으로는 부부다.

"이제… 저는 어떻게 해야 할까요?"

그 질문 앞에서 나는 잠시 말을 잃었다. 탐정으로서 할 수 있는 말은 이미 모두 끝난 뒤였다. 사실은 밝혀졌고, 증거는 충분했다.

그러나 진실이 항상 누군가를 구해주지는 않는다. 이 사건에서 내가 한 일은 기록하고, 확인하고, 전달하는 것뿐이었다.

누군가의 삶이 기울어지는 순간을 가까이에서 지켜본 목격자로서, 그 이상 할 수 있는 말은 없었다.

탐정의 사색

나는 종종 묻는다. 이 일을 계속해야 하는 이유가 무엇인지. 사실을 확인하는 일은 어렵지 않다. 기록은 남고, 동선은 반복되며, 사람은 결국 습관을 벗어나지 못한다. 진실은 생각보다 단순한 형태로 모습을 드러낸다.

문제는, 그 진실이 누군가를 구해주지 못할 때다. 이 사건에서 내가 본 것은 배신이라 부르기엔 너무 오래 준비된 이탈이었고, 사랑이라 부르기엔 지나치게 계산된 선택이었다.

누군가는 이미 떠나 있었고, 누군가는 그 사실을 모른 채 여전히 같은 자리에 서 있었다.

법은 관계의 온도를 재지 않는다. 법은 다만 형식과 결과를 판단할 뿐이다. 그래서 이 세계에서는 가정을 떠난 사람이 처벌받지 않고, 남겨진 사람이 책임을 지는 장면이 아무렇지 않게 반복된다.

나는 그 장면을 너무 많이 보아왔다.

의뢰인은 늘 늦게 온다. 사실이 모두 끝난 뒤, 되돌릴 수 없는 시점에.

그들은 묻는다.

"이게 정말 정의인가요?"

나는 대답하지 않는다. 정의는 내 업무 항목에 없다. 내가 할 수 있는 일은 확인하는 것, 기록하는 것, 그리고 전달하는 것뿐이다.

그러나 가끔, 증거를 넘기기 전 손이 잠시 멈춘다. 사진 속에서 웃고 있는 사람과 그 사진을 바라보며 무너지는 사람 사이에서 나는 어느 편에도 설 수 없다. 설 수 없도록 이 일은 설계되어 있다.

탐정은 감정을 갖되, 판결을 내려서는 안 된다. 연민은 이해의 영역이지 개입의 근거가 될 수 없다. 그래서 나는 사실을 건네 뒤 조용히 한 발 물러선다. 그 이후의 세계는 법의 몫이고, 각자의 선택이 감당해야 할 시간이다.

이 일을 하며 알게 된 것이 있다면, 진실은 언제나 필요하지만 항상 환영받지는 않는다는 사실이다.

그리고 또 하나. 진실을 가장 두려워하는 사람은 대개 그것을 이미 알고 있는 사람이라는 것.

오늘도 나는 누군가의 삶 한 조각을 접고, 서랍 속에 넣는다.

사건은 끝났지만 이야기는 끝나지 않는다.

그게, 이 일을 계속하게 만드는 이유인지도 모른다.

3. 그녀는 차에 있었고, 나는 다쳤다

의뢰인은 아내의 일상에 설명하기 어려운 균열이 생기고 있다고 느끼기 시작했다고 말했다. 아주 작은 변화들이었다. 귀가 시간이 일정하지 않게 어긋났고, 휴대전화는 늘 손에서 떨어지지 않았다. 질문에 대한 대답은 짧아졌고, 설명은 필요 이상으로 길어졌다. 의뢰인은 그것을 "느낌"이라고 표현했다. 증거라 부를 만한 것은 없었지만, 그 느낌은 밤잠을 앗아갈 만큼 분명했다고 했다.

그는 확인하지 않으면 견딜 수 없는 상태에 이르렀다고 말했다. 기다리는 시간은 길었고, 아무 일도 일어나지 않기를 바라면서도, 동시에 무언가가 드러나야 이 혼란이 끝날 것 같았다고 했다. 그렇게 그는 스스로를 설득하며 아내의 동선을 따라 움직이기 시작했다.

의뢰인은 수일 동안 골프장 인근을 배회했다고 했다. 그곳은 아내의 평소 생활 반경과 직접적으로 연결된 장소는 아니었지만, 우연히 몇 차례 차량을 목격한 이후 그의 관심은 그 일대로 고정되었다. 그러던 중 한적한 숲 옆, 아스팔트 도로 가장자리에 세워진 아내의 차량을 발견했다.

차량은 있었지만, 아내의 모습은 보이지 않았다.

의뢰인은 '여기서 기다리면 분명 아내가 나타날 것'이라고 생각했다고 말했다. 그는 자신의 차량을 눈에 띄지 않는 곳으로 옮기고, 차 밖에서 상황을 지켜보았다.

시간이 흘렀고, 해는 서서히 기울었다. 그때 낯선 차량 한 대가 시야에 들어왔다. 그 차량은 잠시 머뭇거리다 아내의 차량 옆에 멈춰 섰다.

의뢰인은 순간적으로 판단했다고 했다. 그는 그 차량 앞으로 나아가 길을 막았고, 안에 있던 운전자와 아내를 향해 소리를 질렀다고 기억했다. 그러나 그다음의 장면은 또렷하지 않았다.

운전자는 갑작스럽게 차량을 돌렸고, 급가속이 이어졌다. 충돌의 순간, 의뢰인은 큰 부상을 입었다. 그의 기억은 그 지점에서 끊어졌다. 이후의 장면들은 하나의 흐름이 아니라, 흩어진 감각의 조각으로만 남아 있었다. 소리, 흔들림, 짧은 공백. 그는 자신이 무엇을 보고 있었는지보다, 그 상황을 감당할 수 있는 상태였는지를 먼저 떠올렸다고 했다.

의뢰인은 이후의 일을 명확한 순서로 설명하지 못했다. 다만 그날 이후, 이전과 같은 상태로는 돌아갈 수 없게 되었다고 말했다. 큰 부상으로 인해 사건은 개인의 영역을 벗어나 공적 절차의 영역으로 넘어갔다. 그 과정에서 사실보다 먼저 소진된 것은 그의 감정과 판단력이었다.

그는 양쪽 목발에 의지한 채 "너무 억울해서 살 수가 없다"고 반복했다. 아내를 추궁하자, 그녀는 "그 사람과는 아무 관계도 없고, 잠깐 할 말이 있어 커피숍에 들렀을 뿐"이라고 말했다. 의뢰인은 그 말을 믿을 수 없었다고 했다. 그러나 그것을 부정할 명확한 방법 또한 없었다. 그는 자신의 상태를 "속이 타들어 간다"고 표현했다.

경찰 조사에서 문제의 차량 운전자는 "갑자기 어떤 미친 사람이 나타났었고, 자신이 피해자라고 생각했다"고 진술했다고 한다. 사고가 난 줄은 몰랐다는 말도 덧붙였다고 했다. 조사 결과는 의뢰인의 기대와 달리 명확하게 정리되지 않았다.

의뢰인은 깊은 절망감 속에서 나에게 진실을 밝혀달라고 요청했다. 그는 고등학생, 중학생, 초등학생 자녀 셋을 둔 다섯 식구의 가장이었다.

그의 말 한마디 한마디에는 분노보다 피로가 더 짙게 묻어 있었다.

조사 이후

조사에 착수한 우리는 이후의 사실을 **확인 가능한 기록**으로만 남길 수 있었다.

부인은 일정한 시간표를 가진 교육 관련 일을 하고 있었고, 강의 형태로 하루에 여러 곳의 학원을 오가고 있었다. 우리는 학원과 골프장 인근에서 각각 조용히 그들의 움직임을 관찰했다.

점심 무렵, 차량이 움직였고 학원 앞에서 여성을 태운 뒤 도로를 따라 이동하는 장면이 포착되었다. 우리는 그들이 멀리 가지 않을 것이라 판단하고 탐문을 이어갔다. 마침내 대형 공영주차장에서 차량을 발견했지만, 짙은 선팅으로 내부는 전혀 보이지 않았다.

가까이 다가가려 하면 차량은 곧바로 다른 장소로 이동했다. 도저히 접근조차 할 수 없는 상황이 반복되었다. 정황상 그들은 차량이 드문 장소에 차를 세운 뒤, 차 안에서 일정 시간을 보내는 것으로 보였다.

다음 날 밤에도 비슷한 상황이 반복되었다. 부인이 다니는 또 다른 학원 인근 도로 옆 주차장에서 같은 차량이 포착되었고, 그 안에는 부인도 함께 있었다. 그러나 차량 외부에서 확보할 수 있는 명확한 증거는 끝내 나오지 않았다.

결국 우리는 **정황만을 기록으로 남긴 채**, 조사를 종결할 수밖에 없었다.

탐정의 사색

나는 진실을 믿는 사람이 아니다. 정확히 말하면, 진실이 언제나 하나라고 믿지 않는다. 현장에서 마주하는 것은 늘 **사실의 조각들**, 그리고 그 조각을 바라보는 사람들의 각기 다른 얼굴뿐이다.

이 사건을 처음 들었을 때, 의뢰인의 말은 격정적이었다. 분노와 억울함, 그리고 설명되지 않은 상처가 한 문장 안에 뒤엉켜 있었다. 그러나 감정이 크다고 해서 사실이 선명해지는 것은 아니다. 오히려 그 반대다. 감정은 언제나 시야를 흐린다.

차는 그 자리에 있었고, 그는 다쳤다. 그 사이에 무엇이 있었는지, 누가 무엇을 의도했는지는 누구도 확언할 수 없었다. 법은 '의도'를 증명하라고 요구하지만, 현실에서 의도는 대부분 **추측의 영역**에 머문다.

나는 늘 스스로에게 묻는다.

'이 장면을 보고 내가 확신하는 것은 무엇인가?'

그리고 이어서 묻는다.

'확신하지 못하는 것을 나는 어디까지 기록할 수 있는가?'

탐정의 일은 폭로가 아니다. 사람들이 흔히 생각하듯, 숨겨진 것을 세상 밖으로 끌어내는 직업도 아니다. 내 일은 **선을 긋는 것**이다. 알 수 있는 것과 알 수 없는 것, 확인된 사실과 해석 사이에 조용히 선을 긋는 일.

이 사건에서 나는 여러 번 멈췄다. 차량 안은 보이지 않았고, 움직임은 짧았으며, 장소는 늘 애매했다. 모든 것이 '가능성'으로만 존재했다. 그리고 그 가능성들은, 의뢰인의 마음속에서 이미 **결론으로 굳어지고 있었다.**

나는 그 결론을 부정하지 않았다. 그러나 대신 이렇게 말했다.

"우리가 말할 수 있는 것은 여기까지입니다."

그 말은 늘 의뢰인을 실망시킨다. 사람들은 탐정에게 정의를 기대하지만, 내가 건넬 수 있는 것은 대개 **현실의 한계**뿐이다.

윤리의 경계에서 가장 어려운 순간은, 의뢰인이 더 보고 싶어 할 때다. 더 가까이, 더 깊이, 더 확실하게. 더더더, 를 원한다. 그러나 한 발 더 들어서는 순간, 나는 탐정이 아니라 **침입자**가 된다.

나는 그 선을 넘지 않았다. 증거가 될 수 없는 장면을 증거처럼 만들지 않았고, 의심을 사실처럼 포장하지 않았다. 그 선택이 의뢰인을 구하지 못했을 수도 있다. 하지만 적어도, 나 자신을 잃지는 않았다.

사건을 마치고 돌아오는 길, 나는 늘 같은 생각을 한다.
진실을 밝히지 못한 것이 실패인가, 아니면 거짓을 만들지 않은 것이 성공인가.

이 일에는 박수가 없다. 결말은 늘 미완이고, 사람들은 각자의 방식으로 상처를 안고 돌아간다. 그럼에도 내가 이 일을 계속하는 이유는 단 하나다.

누군가는, 아무 말도 덧붙이지 않은 채 사실이 멈춘 지점에 그대로 서 있어야 하기 때문이다. 그리고 그 자리는, 늘 외롭다.

4. 문은 열리지 않았다

의뢰인은 장모였고 지쳐 보였다. 상담실 문을 열고 들어온 순간부터 그녀의 얼굴에는 확신과 불안이 동시에 얹혀 있었다. 어떤 결론을 이미 마음속에 내려둔 사람의 표정이면서도, 그 결론이 틀리길 바라는 사람의 눈빛이었다.

그녀는 조심스럽게 말을 꺼냈다. 사위가 다른 사람과 정서적으로 가까워진 것 같다는 의심. 그러나 그 의심의 대상이 된 남자는 사회적으로 비교적 알려진 경력을 가진 유명한 사람이었다. 과거 수영 선수로 활동했고, 이후 지도 경력을 쌓아 현재는 아이들을 가르치는 일을 하고 있다고 했다. 주변 평판도 나쁘지 않았다. 딸의 직업 또한 대외적으로 단정하고 안정적인 이미지로 받아들여질 수 있는 영역에 속해 있었다.

"그래서 더 헷갈려요."

의뢰인은 그렇게 말했다. 겉으로 보기에 문제를 의심할 만한 단서가 거의 없다는 점이 오히려 그녀를 더 불안하게 만들고 있었다.

실제로 두 사람은 겉모습만 보면 지나치게 잘 어울리는 조합이었다. 함께 있는 모습은 자연스러웠고, 주변에서 의문을 가질 만한 장면도 눈에 띄지 않았다. 남자는 낮에는 수영장에서 아이들을 지도하며 성실한 일상을 보내고 있었다. 아이들에게 친절했고, 학부모들과의 관계도 무난했다. 늘 같은 시간에 출근하고 퇴근하는 규칙적인 생활 패턴을 유지하고 있었고, 차량 역시 특별히 눈에 띄지 않는 평범한 외형이었다.

문제는 그 이후였다. 퇴근 시간이 지나면, 그의 동선은 설명되지 않는 방향으로 흘러가곤 했다.

어느 날, 그는 퇴근 후 곧바로 집으로 향하는 것처럼 보였다. 그러나 도중에 차량은 갑자기 방향을 틀었다. 목적지는 주거지가 아닌 도심 외곽의 대형 오피스텔 단지였다. 그곳에 들어간 이후, 한동안 그의 움직임을 다시 확인하기는 쉽지 않았다.

우리는 무리하지 않기로 했다. 해당 장소에서 장시간 체류하거나 불필요한 접근은 하지 않았다. 대신 일상의 흐름 속에서 자연스럽게 관찰 가능한 범위만을 유지했다. 저녁 수업이 있는 날, 그는 다시 수영장으로 돌아왔다. 평소와 다르지 않게 학생들을 지도했고, 밤 10시가 조금 넘은 시각에 수업을 마쳤다.

그러나 그날도 차량은 곧장 집으로 향하지 않았다. 다시 오피스텔 쪽으로 방향을 틀었다.

그 시점에서 우리는 그가 주변 상황을 인지하고 있을 가능성을 염두에 두었다. 실제로 운전은 다소 급해졌고, 움직임은 이전보다 불규칙해졌다. 오피스텔 지하 주차장으로 진입하는 과정에서도 동선은 의도적으로 복잡해 보였다. 더 이상의 접근은 무리라고 판단했고, 우리는 차량을 세우고 관찰을 중단했다.

잠시 후, 그는 다시 밖으로 나왔다. 이미 주변 상황을 어느 정도 파악하고 있는 듯한 태도였다. 이후 그의 차량은 시야에서 사라졌고, 동료는 일정 거리를 두고 다시 흐름을 확인했다. 그 과정에서 그는 인근 경찰 지구대 앞에 잠시 차량을 세우는 모습을 보였다. 누군가가 자신을 따라오고 있다는 느낌을 받은 사람이 취할 수 있는, 비교적 노골적인 행동이었다.

동료는 불필요한 오해를 피하기 위해 상황을 설명했다. 단순한 길 착오였다는 정도의 선에서 대화를 마무리했고, 추가적인 문제는 발생하지 않았다. 지구대에서는 차량 기록 등을 간단히 확인했지만, 특별한 사안으로 이어지지는 않았다. 그날의 관찰은 그렇게 종료됐다.

다음 날, 우리는 다시 현장을 찾았다. 오피스텔 단지는 규모가 커서 특정 세대나 층을 단정하기 어려웠다. 장시간 대기하며 차량의 위치 변화와 주차 패턴만을 관찰했다. 그는 차량을 지하 3층 구석에 세웠다가, 잠시 후 지하 4층의 눈에 잘 띄지 않는 공간으로 옮겼다. 의도적인 동선 변경처럼 보였지만, 그것이 무엇을 의미하는지까지 단정할 수는 없었다.

그날 이후, 우리는 더 이상의 무리한 접근을 하지 않기로 했다. 관찰에는 한계가 있고, 모든 의심이 사실로 이어지는 것은 아니기 때문이다.

며칠 뒤, 다시 차량이 나타났다. 그는 차를 세운 뒤 엘리베이터 쪽으로 걸어갔다. 오피스텔 내부는 조용했고, 인적도 드물었다. 우리는 공용 공간만을 이동하며 그가 내린 층을 확인했다. 엘리베이터는 13층에서 멈췄다.

그러나 정확한 호수는 알 수 없었다. 복도를 오가며 확인하던 중, 한 세대 앞에 놓인 택배 상자가 눈에 들어왔다. 무심코 확인한 수취인 이름은, 이전에 의뢰인이 언급했던 그 인물과 일치했다.

"여기였군요."

그 순간, 우리는 즉시 의뢰인에게 상황을 전달했다. 잠시 후 의뢰인의 가족들이 오피스텔에 도착했고, 모두 함께 해당 세대 앞에서 기다렸다. 약 두 시간 가까운 시간이 흘렀지만, 문은 열리지 않았다.

그리고 마침내, 친모가 오고서야 문이 열렸다. 집 안으로 들어갔을 때, 우리는 그를 직접 마주할 수 있었다. 그리고 곧 출산을 앞둔 상간녀의 모습도 볼 수 있었다. 이후 진행된 사안들은 빠르게 마무리되었고, 결과 역시 길게 이어지지 않았다.

사건이 정리된 후에도 한 가지 질문은 남았다. 겉으로 보기엔 누구에게나 잘 어울려 보였던 그 조합은, 과연 처음부터 온전한 관계였을까.

나는 직업적으로 사람을 믿지 않는다. 다만, 사람의 선택이 만들어내는 균열을 지켜볼 뿐이다.

탐정의 사색

나는 언제부터 문이 열리기 전의 시간을 더 오래 바라보게 되었을까. 사건의 결말은 대부분 문이 열리는 순간에 결정되지만, 진짜 이야기는 그 문 앞에서 이미 끝나 있는 경우가 많다.

의뢰인들은 늘 같은 질문을 한다.

"확실한가요?"

나는 그 질문을 좋아하지 않는다. 확실하다는 말은, 누군가의 삶이 더는 되돌릴 수 없는 방향으로 굳어졌다는 뜻이기 때문이다. 그래서 나는 늘 이렇게 대답한다.

"확인 가능한 범위까지는요."

사람들은 탐정이 진실을 찾아낸다고 믿는다. 하지만 내가 하는 일은 진실을 '발견'하는 것이 아니라, 이미 흩어져 있는 선택의 흔적을 조용히 주워 담는 일에 가깝다. 누군가의 의심은 어느 날 갑자기 생기지 않는다. 의심은 오랜 시간 무시된 감각의 총합이다. 이상한 침묵, 어긋난 귀가 시간, 설명되지 않는 공백. 그 공백들이 쌓여 의뢰인의 눈빛을 바꾼다.

나는 그 눈빛을 본다. 그리고 안다. 이 사건은 이미 절반은 끝났다는 걸.

그날도 마찬가지였다. 겉으로 보기엔 아무 문제 없어 보이는 일상. 성실한 직업, 단정한 태도, 사회적으로 흠 잡을 곳 없는 이력. 사람들은 그런 외형을 신뢰한다. 아니, 신뢰하고 싶어 한다. 외형이 무너지면, 자신이 믿어온 기준도 함께 흔들리기 때문이다.

그러나 나는 외형을 기록하지 않는다. 나는 흐름을 본다.

차량이 향하는 방향, 반복되는 동선, 설명되지 않는 정차. 그리고 그 모든 것이 만들어내는 미묘한 리듬. 그 리듬이 어긋나는 순간, 사람은 스스로를 감춘다. 더 조심해지고, 더 빠르게 움직이며, 때로는 필요 이상으로 주변을 의식한다. 그 행동 하나하나가 말이 된다.

하지만 나는 넘지 않는다. **탐정에게 가장 중요한 건 '할 수 있는 것'이 아니라 '하지 않아야 할 것'을 아는 능력**이다. 진실을 이유로 모든 선을 넘어서는 순간, 우리는 더 이상 관찰자가 아니다. 그건 직업이 아니라 폭력에 가깝다.

그래서 나는 멈춘다. 문 앞에서, 계단에서, 엘리베이터 버튼이 눌린 채 멈춰 있는 그 층에서.

문이 열리지 않는 시간은 길다. 그 시간 동안 사람들은 각자의 결론을 만든다. 의뢰인은 이미 마음속으로 모든 장면을 그려본다. 내가 하지 않은 말들까지 스스로 덧붙이며, 가장 잔인한 시나리오를 준비한다. 그게 인간이다. 모를 때보다, 알 것 같을 때 더 잔혹해진다.

문이 열렸을 때, 나는 안도하지 않았다. 확신이 생긴 순간에도, 마음은 가볍지 않다. 누군가의 삶이 조용히 방향을 틀었다는 사실만이 남는다. 진실은 언제나 깔끔하지 않다. 그것은 늘 관계의 잔해를 남긴다.

사건은 정리됐다. 서류로는 간단했고, 결과도 길지 않았다. 사람들은 말한다. "그래도 알아서 다행 아니냐"고. 아는 것이 언제나 다행인 건 아니다. 어떤 진실은 알기 전보다 알고 난 뒤가 더 고독하다.

나는 오늘도 기록을 정리하며 생각한다. 내가 한 일은 무엇이었을까. 누군가를 구한 걸까, 아니면 마지막 문을 밀어준 걸까.

탐정은 선택하지 않는다. 다만, 선택이 남긴 흔적을 외면하지 않을 뿐이다.

그리고 문이 닫힌 뒤에도, 나는 그 앞에 잠시 서 있는다. 열리지 않았던 시간 들을 떠올리며. 그 시간이야말로, 이 사건에서 가장 진실에 가까웠다는 걸 알기 때문이다.

5. 놀이공원 주차장에서

수도권의 한 도시에 자리한 병원의 원장은 지역 사회에서 오래도록 알려진 인물이었다. 의사라는 직업이 주는 신뢰, 그리고 수년 동안 같은 자리를 지켜온 병원이라는 간판은 그 자체로 하나의 브랜드처럼 작용했다.

그는 흔히 "성공한 사람"으로 불렸다. 그의 곁에는 늘 단정한 인상의 부인이 함께 있었다. 부인은 의료기관에서 근무한 이력이 있는 사람이었고, 조직의 구조와 사람을 상대하는 방식에 익숙했다. 겉으로 보기엔 감정의 기복이 크지 않은 사람처럼 보였고, 실제로도 쉽게 흔들리지 않는 성격으로 알려져 있었다.

그러나 그런 그녀가 전화를 걸어왔다는 사실만으로도 상황은 이미 단순하지 않다는 신호였다. 전화기 너머의 목소리는 조용했지만 단단했다.

"확인만 하고 싶어요."

의심이라기보다는, 이미 마음속에서 여러 차례 반복해 본 결론을 단지 사실로 확인받고 싶다는 어조였다.

문제는 남편의 일정이었다. 매주 같은 요일, 같은 시간대. 회식도 아니었고, 학회도 아니었으며, 갑작스러운 응급 호출도 아닌 공백. 부인은 그 시간을 스스로 납득하려 애썼다고 했다. 그러나 반복되는 패턴은 결국 설명되지 않는 질문으로 남았다.

의뢰인은 평소 검은색 수입 SUV 차량을 이용하고 있었고, 우리가 자주 언급하던 서울의 한 대형 병원과 동일한 이름을 가진 병원이었다.

그 이름은 이야기의 배경일 뿐, 사실관계를 특정하지 않는 하나의 장치에 불과했다.

조사는 조용히 시작되었다. 추적은 하지 않았다. 그저 기다림이었다. 사람은 결국 습관을 반복한다. 특히 불륜은, 그 자체로 하나의 일상이 되기 마련이다.

수요일 오후 6시 무렵, 그는 일과를 마친 병원을 나섰다. 퇴근 시간과 크게 다르지 않은 평범한 모습이었다. 차량은 먼저 인근의 인도어 골프장 방향으로 향했고, 그곳에서 약 40분가량 머문 뒤 외곽 지역 쪽으로 이동했다.

그곳은 의뢰인이 종종 언급하던 동선 중 하나였다. 놀이시설과 테마파크가 인접한 대형 주차장이었다. 특별히 눈에 띄지 않는 구조. 우리는 차량의 이동과 정차만을 확인했다. 사람을 쫓지 않았고, 불필요하게 가까이 가지도 않았다. 관찰은 언제나 공개된 범위 안에서만 이루어졌다.

잠시 후, 다른 차량이 도착했다. 상대 차량의 운전자는 주변을 한 번 둘러본 뒤 곧바로 SUV 차량 공간으로 들어갔다. 약 50분이 흐른 뒤, 두 차량은 아무 일도 없었다는 듯 각자의 방향으로 주차장을 빠져나갔다.

이 장면은 그날만의 특별한 사건이 아니었다. 이후에도 같은 요일, 같은 시간, 같은 장소에서 유사한 흐름은 반복되었다.

우리는 공개된 위치에 설치된 영상, 그리고 외부에서 확인 가능한 범위의 기록을 통해 차량의 동선과 반복성을 확인했다. 얼굴이 선명하지 않아도 상관없었다. 번호판, 시간, 그리고 반복. 증거는 언제나 과하지 않아야 한다.

필요 이상으로 가까워지는 순간, 관찰은 침해가 된다. 의뢰인에게 전달한 것은 최소한의 자료였다.

"확인만 하세요."

나는 그렇게 말했다. 그 이상은 원하지 않았다. 영상을 확인한 뒤, 의뢰인은 한동안 말을 하지 못했다. 울지도 않았고, 소리를 내지도 않았다. 다만 화면을 바라보는 눈빛이 달라졌을 뿐이다.

"알고는 있었어요."

그녀는 낮은 목소리로 말했다.

"그래도… 직접 보니까."

그녀는 남편이 아이들에게는 좋은 아버지였다고 했다. 경제적으로도 부족함이 없었고, 가정 밖의 문제를 가정 안으로 끌어들이지 않으려 애써왔다고 했다. 그 말 속에는 묘한 자기합리화와 체념이 섞여 있었다.

"그냥 살려고요."

그녀는 그렇게 결론지었다. 이혼을 감당할 만큼의 힘도, 모든 것을 뒤엎을 용기도 없다고 했다. 그 선택이 옳았는지는 아무도 모른다. 다만 분명한 것은, 그녀의 삶은 이전으로 돌아갈 수 없다는 사실이었다.

확인은 언제나 대가를 요구한다. 이 사건은 단순한 불륜 사례가 아니었다. 확인과 유포, 의뢰와 책임의 경계가 어디까지 허용되는가에 대한 질문을 남겼다.

사람들은 종종 탐정이라는 직업을 오해한다. 모든 것을 보고, 모든 것을 알고, 원하는 만큼 파고들 수 있는 존재라고 생각한다.

그러나 실제로 우리가 서 있는 곳은 언제나 경계선 위다. 합법과 불법, 확인과 침해, 의뢰와 책임 사이의 아주 얇은 선.

이 일을 하며 가장 많이 듣는 말은 "어디까지 가능한가요?"라는 질문이다. 사진은 어디까지 찍을 수 있는지, 차 안은 가능한지, 대화는 녹음할 수 있는지.

그 질문들에는 늘 같은 전제가 깔려 있다. "들키지만 않으면 괜찮지 않나"라는 생각. 하지만 현실은 그렇지 않다. 들키지 않는 것과 허용되는 것은 전혀 다른 문제다.

이 사건에서도 마찬가지였다. 주차장은 공공장소였고, 차량의 이동과 체류는 외부에서 충분히 관찰 가능한 영역이었다. 그래서 우리는 사람을 쫓지 않았다. 문 앞까지 가지도 않았고, 차량 내부를 들여다보지도 않았다. 그 선을 넘는 순간, 관찰은 증거가 아니라 위험이 된다.

의뢰인 중에는 더 많은 것을 요구하는 사람도 있다.

"확실하게 찍어달라."

"들어가는 장면까지 있어야 한다."

"나중에 문제 생기지 않게 완벽하게."

그러나 완벽한 증거를 향한 집착은 종종 돌이킬 수 없는 결과를 남긴다.

탐정의 사색

나는 사람을 믿지 않는다. 정확히 말하면, 사람이 스스로를 설명하는 말을 믿지 않는다. 대신 반복을 믿는다. 시간, 장소, 그리고 습관. 불륜은 언제나 말보다 정직하다. 변명은 매번 달라지지만, 움직임은 거의 변하지 않는다.

이 사건도 그랬다. 의뢰인의 목소리는 차분했고, 이미 답을 알고 있는 사람의 톤이었다. 확신이 아니라 체념에 가까운 목소리. 나는 그 목소리를 들을 때마다 묘한 불편함을 느낀다.

'확인만 해주세요.'

이 말은 늘 나를 곤란하게 한다. 확인은 시작이지만, 끝은 아니다. 확인된 진실은 반드시 다음 선택을 요구한다. 나는 그 선택에 개입하지 않기로, 오래전에 마음먹었다.

주차장은 공공의 공간이다. 그래서 사람들은 방심한다. 가장 사적인 만남이, 가장 공개된 장소에서 이루어진다는 사실을 그들은 모른다. 아니, 어쩌면 알고 있으면서도 모른 척하는 걸지도 모른다.

차량이 들어오고, 멈추고, 다시 빠져나간다. 나는 그 과정을 멀리서 지켜본다. 다가가지 않는다. 확대하지 않는다.

사람들은 탐정이 모든 걸 들여다본다고 생각한다. 차 안을 들여다보고, 문틈을 엿보고, 사람의 얼굴을 끝까지 쫓는다고 믿는다.

하지만 나는 안다. 그 한 걸음이, 관찰과 침해를 가르는 선이라는 걸. 그 선을 넘는 순간, 나는 더 이상 탐정이 아니라 위험한 사람이 된다.

이 일은 욕심을 부리면 반드시 탈이 난다. 증거는 많을수록 좋은 게 아니다. 적당해야 한다. 충분해야 하고, 멈출 수 있어야 한다. 영상 하나, 시간표 하나. 반복되는 패턴. 그 이상은 필요 없다.

의뢰인에게 자료를 전달하는 순간, 나는 늘 같은 생각을 한다.

'이제부터는 당신의 시간이다.'

나는 결론을 내려주지 않는다. 이혼을 권하지도 않고, 용서를 말하지도 않는다.

사람들은 가끔 나에게 묻는다.

"그래서, 보통 어떻게 되나요?"

그 질문에는 늘 답이 없다. 어떤 사람은 모든 걸 부수고, 어떤 사람은 아무 일도 없었다는 듯 살아간다. 누가 더 잘 사는지는 아무도 모른다.

이 사건의 의뢰인도 결국 남기로 했다. 그 선택이 약해서라고 생각하지 않는다. 그 선택은, 그 사람이 감당할 수 있는 삶의 크기였을 뿐이다.

진실은 언제나 정의롭지 않다. 그저 사실일 뿐이다. 나는 그 사실을 전달했을 뿐이고, 그 이후의 삶에는 책임이 없다. 그 책임까지 떠안는 순간, 이 일은 감정 노동이 아니라 파괴가 된다.

사람들은 탐정이 차갑다고 말한다. 맞는 말이다. 차갑지 않으면 오래 못 한다.

이 일을 하며 알게 된 건, 사람의 가장 잔인한 면은 배신이 아니라 무관심이라는 사실이다. 배신은 적어도 감정이 있다. 무관심은 아무것도 남기지 않는다.

그래서 나는 오늘도 선을 긋는다. 볼 수 있는 것만 보고, 알 수 있는 것까지만 안다. 그 이상을 요구받을 때마다, 나는 스스로에게 묻는다.

'지금 이 한 걸음이, 내일의 나를 위험하게 만들지는 않는가.'

탐정은 진실을 캐는 사람이 아니다. 경계를 지키며 사실을 전달하는 사람이다. 그 선 위에서 나는 오늘도 조용히 서 있다.

6. 운이 좋은 날도 있었다

한 남자로부터 전화가 걸려왔다. 목소리는 낮았지만 끝이 미세하게 떨렸다. 단정하려 애쓰는 말투 속에 감정이 새어 나왔다. 그는 의뢰인이었다.

지금 별거 중이며, 법원의 결정으로 인해 부인에게 내려진 접근금지 조치 때문에 아이에게 다가갈 수 없다고 했다. 말은 차분했지만, 분노와 체념, 그리고 쉽게 설명되지 않는 불안이 섞여 있었다. 그 감정들은 한 문장 안에서도 서로 부딪히고 있었다.

"아이 얼굴이 자꾸 떠오릅니다."

그가 덧붙인 말은 짧았지만, 오래 남았다. 아이가 다니는 유치원이 어디인지조차 알 수 없다는 말에, 전화기 너머로 잠시 침묵이 흘렀다. 그 침묵은 설명보다 많은 것을 말하고 있었다.

그가 내게 건넨 정보는 많지 않았다. 아이의 외형을 짐작할 수 있는 참고 이미지 하나, 그리고 거주 지역을 가늠할 수 있는 대략적인 범위. 그것이 전부였다.

그 정보만으로 판단하기엔 부족했고, 탐문을 시작하기엔 조건이 지나치게 제한적이었다. 하지만 의뢰는 언제나 그런 식으로 시작된다. 완성된 퍼즐이 아니라, 흩어진 조각 몇 개로부터.

우리는 곧 현장으로 향했다.

외부인의 출입이 제한된 대형 주거 단지였다. 출입 구조상 내부로 들어가는 것은 고려 대상이 아니었다. 우리는 단지 외곽에서, 자연스럽게 보이는 동선만을 관찰했다. 보이는 것만 보고, 보이지 않는 것에 대해서는 함부로 추측하지 않기로 했다.

'이걸 어떻게 해야 하지.'

머릿속에서 수십 가지 경우의 수를 그려봤지만, 답은 쉽게 나오지 않았다. 결국 선택한 방법은 가장 원시적이면서도, 동시에 우연에 기대는 방식이었다.

아침 등원 시간. 아이를 유치원에 보내는 순간만이, 외부에서 대상자를 확인할 수 있는 거의 유일한 시간대였다. 우리는 새벽부터 아파트 주변을 돌며 등원 차량의 흐름을 관찰하기로 했다.

하지만 현실은 생각보다 훨씬 냉정했다. 차량들은 쉴 새 없이 들어왔다 나갔다. 백 대가 넘는 차량이 시간차를 두고 길가와 주차장에 잠시 멈췄다가, 곧바로 빠져나갔다.

차량은 짧게 정차했고, 아이들은 보호자의 손을 잡은 채 빠르게 이동했다. 그 짧은 순간에 얼굴을 확인한다는 건, 거의 불가능에 가까웠다. 확인을 한다 해도, 그것은 결코 쉬운 일이 아니었다.

오전 10시가 넘어가자 더 이상 등원 차량은 오지 않았다. 우리는 지하 상가 쪽으로 내려가 다시 한번 아파트 현관을 살폈지만, 경비의 시선은 한 치도 느슨해지지 않았다. 접근 자체가 불가능했다.

오후가 되어, 지하 4층에서 1층까지 길을 따라 걸어 올라오며 생각이 많아졌다. 시간은 흐르고 있었지만, 단서는 늘어나지 않았다.

그때였다.

아파트 앞 행길 옆 쉼터에서 잠시 쉬고 있는데, 한 여자가 걸어가는 모습이 눈에 들어왔다. 이상하게도 시선이 갔다. 어디선가 본 듯한 얼굴. 지나치려다, 다시 한번 고개를 들었다.

"저 사람… 어디서 본 것 같지 않아?"

동료에게 물었지만, 그는 고개를 저었다. 아니라는 대답을 들었지만, 내 본능은 그 말을 받아들이지 않았다. 나는 본능적으로 그녀의 동선을 시야에 담았다. 너무 가까워지지 않게, 그러나 시야에서는 놓치지 않게.

앞 얼굴을 확인한 순간, 사진 속 인물과 유사한 인상을 받았다. 의뢰인에게 전화를 걸었다.

"맞습니까?"

잠시 후 돌아온 대답은 짧았다.

"맞습니다…"

그는 확신했다. 이런 일이 실제로 일어날 수 있을까. 수천 세대가 사는 아파트에서, 수많은 동선 속에서, 이렇게 우연히.

그녀는 행길 옆 벤치에 앉아 있었다. 나는 일정 거리를 둔 채, 떨어진 편의점 앞 테이블에 앉아 관찰을 이어갔다.

잠시 후, 노란색 유치원 차량이 정차했다. 그리고 어린아이가 내렸다. 통학 차량 외관에는 일반적인 안내 표식이 붙어 있었다. 그 이상을 확인할 필요는 없었다. 이 사건에서 중요한 것은 아이의 소속이 아니라, 보호 관계가 실제로 유지되고 있는지 여부였다.

그 순간, 우리는 마침내 실마리를 찾았다.

한 아이가 보호자와 함께 이동하는 모습이 시야에 들어왔고, 참고 이미지에서 받았던 인상과 다르다고 말하기는 어려웠다. 나는 거리를 유지한 채, 그 장면을 더 이상 좁히지 않기로 했다.

우리는 잠시 같은 공간에 머물렀다. 엘리베이터에 함께 있던 사람들은 각 층에서 빈번하게 내렸고, 보호자와 아이는 48층에서 내렸다. 나는 54층 버튼을 눌렀다.

엘리베이터 문이 열리기 전, 아이가 나를 올려다보며 인사를 했다.

"안녕히 가세요."

"안녕."

인사는 짧았지만, 그 장면은 오래 남았다.

다음 날 아침, 우리는 해당 유치원으로 향했다. 여러 대의 차량이 도착했지만, 아이를 확인할 수는 없었다. 마지막 차량이 들어왔고, 그 안에 있었다. 유치원 현관에서 실내화를 갈아 신으며, 개인 물품이 정리된 공간을 정확히 확인했다. 더 이상 의심을 이어갈 이유는 없어 보였다.

우리는 확인 가능한 범위에서 얻은 사실을 그대로 의뢰인에게 전달했다. 이후의 선택과 판단은 더 이상 우리의 역할이 아니었다. 약속한 시간에 그는 아이의 아버지로서 자연스럽게 아이를 데리러 왔다. 그날로 이 일은 정리되었다.

그 부부 사이에 어떤 사정이 있었는지, 그 선택이 옳았는지는 나는 알지 못한다. 다만 탐정은 의뢰인의 진실을 확인하고, 그 의뢰에 최선을 다해야 한다는 사명으로 움직일 뿐이다.

그날도 우리는 그렇게, 우리가 할 수 있는 일을 했을 뿐이다.

탐정의 사색

나는 늘 한 발 물러서 있어야 한다. 가까이 다가가면 진실이 흐려지고, 너무 멀어지면 아무것도 보이지 않는다. 탐정이라는 직업은 그 어정쩡한 거리 위에서 균형을 잡는 일이다.

사람들은 나에게 묻는다.

"그때 어떤 기분이었습니까?"

하지만 그 질문은 언제나 늦다. 감정은 사건이 끝난 뒤에야 비로소 말을 걸어오기 때문이다.

현장에 있을 때 나는 느끼지 않는다. 느끼지 않으려고 애쓴다. 사람의 표정, 말의 속도, 걸음의 리듬을 기록할 뿐이다. 연민도, 분노도, 판단도 잠시 접어둔다. 그것들은 모두 진실을 가리는 노이즈가 된다.

그러나 아이의 얼굴은 예외였다.

아이의 얼굴은 늘 계획 밖에서 등장한다. 의뢰서에도 없고, 계약서에도 없다. 그 얼굴은 탐정의 의지와 무관하게 시야에 들어온다. 그리고 한 번 들어온 얼굴은 쉽게 사라지지 않는다.

나는 그날, 그 아이가 나를 올려다보며 인사하는 순간 이 일이 단순한 '확인'이 아니라는 걸 알았다. 하지만 동시에, 내가 할 수 있는 일은 거기까지라는 것도 분명히 알았다.

탐정은 해결사가 아니다. 우리는 정의를 집행하지 않는다. 우리는 누군가의 삶을 대신 판단하지 않는다.

우리가 하는 일은 단 하나다.

"지금, 여기서, 확인 가능한 사실이 무엇인가."

그 사실이 누군가를 살리고 누군가를 무너뜨릴 수도 있다. 그러나 그 결과는 탐정의 몫이 아니다. 이 직업을 오래 할수록 나는 더 많은 것을 버리게 된다. 선악의 확신, 감정의 편의, 빠른 결론.

대신 남는 것은 기록, 거리, 그리고 책임감이다. 책임감은 감정과 다르다. 감정은 순간이지만 책임은 오래 남는다.

그래서 나는 언제나 스스로에게 묻는다.

'지금 이 장면을, 십 년 뒤에도 설명할 수 있는가.'

설명할 수 없다면 나는 그 일을 하지 않는다.

사람들은 탐정이 비밀을 캐는 사람이라고 생각한다. 하지만 **실제로 탐정이 가장 많이 하는 일은 선을 긋는 일이다.**

어디까지 보고 어디서 멈출 것인가.

그 선을 넘는 순간 우리는 더 이상 탐정이 아니다.

그날, 나는 그 선 앞에서 멈췄다. 아이를 더 보지 않았다. 더 따라가지 않았다. 더 확인하지 않았다. 그것으로 충분했기 때문이다. 사건은 끝났고 의뢰는 정리되었고 삶은 다시 각자의 방향으로 흘러갔다.

하지만 나는 안다. 이 일은 내 안 어딘가에 조용히 쌓여 있을 것이다. 탐정의 기억은 사건이 아니라 사건을 대하는 태도로 남는다.

그래서 나는 오늘도 다음 사건 앞에서 다시 한 번 숨을 고른다.

보되, 휘말리지 않기 위해. 알되, 판단하지 않기 위해. 그리고 사람의 삶을 증거로만 취급하지 않기 위해.

이것이 내가 탐정으로 남아 있기 위해 스스로에게 지키는 유일한 약속이다.

7. 그날 밤에 남은 것

이 사건은 영남의 한 도시에서 시작되었다. 의뢰인은 그곳에서 살고 있었고, 대상자는 남쪽으로 이동하는 생활을 반복하고 있었다. 도심에서 벗어난 오래된 숙박시설이 밀집한 지역. 시간이 멈춘 듯한 호텔 들이 여전히 불을 밝히는 곳이었다.

의뢰인은 중년의 부인이었고, 대상자는 60대 초반의 남성이었다. 그는 건물을 보유하고 있었고, 경제적으로도 여유가 있는 편에 속했다. 평소에는 집에서 생활했지만, 일주일에 몇 차례는 남쪽 도시로 이동했다.

이동의 이유는 단순했다. 오래된 친구들을 만나고, 술을 마시고, 시간을 보내는 것. 누군가에게는 평범한 일상이었고, 누군가에게는 이해되지 않는 반복이었다.

의뢰인은 남편의 이동이 잦아질수록 마음속에 설명되지 않는 감정을 품기 시작했다. 일정은 늘 비슷했고, 도착하는 지역과 머무는 동선도 거의 같았다. 그가 머무는 장소는 언제나 낡은 호텔들이 남아 있는 구역이었다.

의뢰를 받고 탐문에 들어갔지만, 처음에는 단서라 부를 만한 것은 거의 없었다. 그들의 만남은 늘 조심스러웠다. 남자가 먼저 숙소로 들어가고, 시간이 흐른 뒤 여자가 따로 들어가는 방식. 나올 때도 각기 다른 시간, 각기 다른 방향. 이 패턴만으로는 어떤 판단도 할 수 없었다.

"증거는 없습니다."

그때는 그렇게 말할 수밖에 없었다. 하지만 의뢰인은 단호했다.

"절대 아닐 리가 없어요."

그래서 더 지켜보기로 했다. 날짜를 바꾸고, 시간을 바꾸고, 동선을 바꾸었다.

그리고 어느 날, 미세한 균열이 생겼다.

그날도 둘은 각자 따로 나왔다. 숙소 인근에서 일정한 간격을 유지한 채 이동이 이어졌다. 그리고 함께 들어간 곳은 한 횟집이었다. 그날 밤, 그들은 2차로 노래방까지 갔다. 노래방을 나올 때였다. 손을 잡고, 어깨에 팔을 두르고, 웃으며 걷는 장면. 그 순간만큼은 숨김이 없어 보였다.

하지만 그 장면은 누구나 볼 수 있는 공개된 공간이었고, 모든 장면은 확인 가능한 범위를 벗어나지 않았다.

비슷한 요일과 비슷한 시간대에 이동은 반복되었지만, 그 이상의 노골적인 장면은 더 이상 나타나지 않았다.

술자리는 늘 친구들과 함께였다. 3차를 넘기지 않았고, 자정을 넘기면 친구들과 헤어진 뒤 대상자는 혼자 숙소로 들어갔다. 여자는 낮에만 만났고, 밤이 되면 택시를 타고 사라졌다. 밤에는 다시 보이지 않았다.

더 이상 결정적인 증거를 잡을 수는 없었다. 의뢰인은 더 이상의 확인을 원하지 않았다. 판단은 이미 그녀의 몫이 되어 있었다. 그리고 그녀는 말했다.

"이 정도면 됐어요. 이혼 소송을 하겠습니다."

사건은 그렇게 마무리되는 듯했다. 하지만 나에게는 이상하게 남는 것이 있었다. 긴 시간 동안 그를 지켜보며 느낀 허탈함. 무언가를 숨기는 사람이라기보다, 외로움을 술과 사람, 그리고 밤으로 메우는 노인의 모습만이 반복되었다.

그는 거창한 비밀을 감춘 인물이 아니었다. 그럴 필요조차 없는 사람이었다. 다만, 혼자 남는 밤을 견디지 못하는 사람이었다.

장기간의 탐문 끝에 남은 것은 결정적인 증거가 아니라, 술에 취해 흘려보낸 시간의 흔적뿐이었다. 그래서 이 사건은 내게 싱거운 사건으로 남았다. 가장 긴 시간을 들였고, 가장 허무했던 사건이었다.

탐정의 사색

나는 이 일을 오래 했다. 그래서 이제는 안다. 사람들이 진실을 원하는 순간은 생각보다 많지 않다는 걸. 대부분은 이미 마음속에 답을 가지고 온다. 탐정에게 맡기는 이유는 그 답을 확인받고 싶어서가 아니라, 스스로에게 변명의 근거를 만들고 싶어서다.

이 사건도 그랬다. 증거는 늘 애매한 지점에 머물렀다. 누군가는 그것을 결정적인 장면이라 말할 수 있었고, 누군가는 그저 오해의 여지라며 지나칠 수도 있었다.

그래서 나는 끝까지 말을 아꼈다. 확인되지 않은 것을 단정하지 않는 것, 그게 내가 지켜온 최소한의 원칙이었기 때문이다.

하지만 일을 하다 보면 원칙이 인간의 마음을 구해주지는 못한다는 사실도 알게 된다. 의뢰인의 눈에는 이미 균열이 가 있었다. 그녀는 증거를 찾기 전에 이미 상처를 입어 있었다. 탐정이 할 수 있는 일은 그 상처의 원인을 객관적으로 바라볼 수 있게 돕는 것뿐이었다.

나는 그를 지켜보았다. 그는 교묘하지 않았다. 계획적이지도, 능숙하지도 않았다. 다만 외로웠다. 술자리는 늘 반복되었고, 사람들 속에 섞여 있을 때만 그는 잠시 혼자인 자신을 잊는 듯 보였다.

나는 수많은 '나쁜 사람'을 봐왔다. 그들에겐 공통점이 있다. 자신의 행동을 합리화하고, 상대의 고통을 계산한다. 하지만 이 사건의 대상자는 달랐다. 그는 계산하지 않았다. 그래서 더 위험했다. 무심함은 때로 의도보다 깊은 상처를 남긴다.

나는 이 사건을 싱겁다고 기록했다. 사건 자체가 가볍다는 뜻은 아니었다. 오히려 너무 일상적이어서 누구에게나 일어날 수 있다는 점이 나를 허탈하게 만들었다.

결정적인 장면이 없는 사건. 명확한 악인이 없는 사건. 하지만 누군가는 반드시 무너지는 사건.

이런 사건을 맡을 때마다 나는 탐정이라는 직업의 한계를 실감한다.

사람의 마음은 사진으로 남지 않는다. 동영상으로 증명되지도 않는다. 그래서 결국, 모든 판단은 의뢰인의 몫으로 돌아간다. 나는 그 선택을 존중한다. 옳고 그름을 가르기보다 그 선택이 그녀를 더 덜 아프게 하기를 바랄 뿐이다.

이 사건이 끝난 뒤, 나는 기록을 덮고 잠시 생각했다. 진실이란 무엇일까. 사실의 나열일까, 아니면 이미 돌아올 수 없는 마음의 상태일까.

아마도 진실은 우리가 견딜 수 있는 만큼만 우리 앞에 모습을 드러내는 것인지도 모른다.

그래서 나는 오늘도 확인할 수 없는 것들에 대해 말하지 않는 쪽을 택한다. 침묵은 비겁함이 아니라 책임일 수 있다는 걸 이 일은 나에게 계속해서 가르쳐주고 있다.

Ⅲ부. 진실은 늘 불편하다

1. 침묵이 필요한 진실

모든 진실이 드러나는 것이 옳은 것은 아니다. 말해 지는순간, 누군가의 삶을 무너뜨리는 진실도 있다. 탐정은 그 경계 앞에서 가장 오래 머무는 사람이다.

남편의 의뢰를 받고 도심 고급 주거지에서 지하철을 타고 도심과 외곽을 잇는 노선을 갈아타고 외곽의 환승역에서 내려 새벽에 출근하는 아내를 확인가능한 범위에서 관찰했다.

의뢰인은 말수가 저었고, 말보다 눈빛이 먼저 불안을 드러내는 사람이었다.

"확인만 해주세요."

그 말 한마디에 담긴 의미를 나는 너무 잘 알고 있었다.

나는 일정한 거리를 유지하며 관찰을 이어갔다. 그녀는 아주 높은 아파트 대형 현장 사무실로 들어갔다. 현장에는 출근하는 사람들이 많았고, 출입구에는 얼굴인식 시스템이 설치돼 있었다. 더 이상 접근은 불가능했다.

의뢰인은 그녀가 18시에 퇴근한다고 했다. 시계를 보니 아직 오전 8시. 하루를 어떻게 보내야 할지 막막해지는 순간이었다. 시간이 많다는 건, 이 일에서는 결코 좋은 일이 아니다.

나는 갈 곳 없이 주변을 서성였다. 인근에 유적지, 통일동산, 카페… 시간을 죽이며 결국 퇴근 시간에 맞춰 다시 현장으로 돌아왔다.

퇴근 시간이 가까워지자 하나둘 직원들이 빠져나왔다. 그녀는 거의 마지막에 모습을 드러냈다. 그 순간, 길 건너편에서 누군가를 향해 손을 흔드는 모습이 눈에 들어왔다.

눈에 띄는 체격의 남자였고 주변에서 쉽게 시선을 끄는 사람이었다. 두 사람은 마치 오래전부터 알고 지낸 사이처럼, 너무도 자연스럽게 합류했다.

의심은 그때부터 확신으로 변하기 시작했다.

그들은 약 30분가량을 걸었다. 발걸음은 익숙했고, 목적지가 정해져 있는 사람들의 걸음이었다. 행길에서 큰 골목으로, 다시 빌라촌으로 접어들었다.

나는 일정한 거리를 두고 그 모습을 지켜봤다. 두 사람은 한 퓨전 횟집으로 들어갔다. 젊은 분위기의 술집. 시간은 느리게 흘렀다. 2시간. 춥고 배도 고팠고, 졸음도 몰려왔다.

"왜 안 나오지?"

머릿속에서 수십 번 같은 질문이 반복됐다.

3시간쯤 지났을까. 그들은 술기운이 오른 듯한 모습으로 나왔다. 행길 쪽으로 걸어갔다. 그날 둘이 걷는 사진, 동료가 찍어둔 증거 사진을 의뢰인에게 전송했었다.

"정말 부탁입니다. 잘 좀 봐주세요."

늘 듣던 말이었지만, 그날은 유독 강하게 들렸다. 이상한 불안이 스쳤지만, 애써 무시했다.

그때였다. 함께 걷던 남녀가 갑자기 사라졌다. 순간적으로 심장이 내려앉았다. 나는 반사적으로 뛰었다. 좌측 골목. 두 사람은 숙박업소로 보이는 건물 안으로 사라졌다.

나는 의뢰인에게 이 상황을 알렸다. 직접 와서 확인하시라고 했다. 그러나 그는 단호했다.

"그럴 상황이 아닙니다. 끝까지 확인 해주세요."

그 장면은 의뢰인이 받아들이기 어려운 상황으로 보였다.

대리운전 회사를 불러 고급 주거지에 세워둔 차량을 가져오게 했다. 한 시간쯤 뒤 차가 도착했다. 대리운전비를 두둑히 지불했다. 나는 숙박업소 간판이 잘 보이는 곳에 차를 세웠다. 추위에 몸이 떨렸다. 차 안은 따뜻했지만, 마음은 그렇지 않았다.

밤 11시가 넘어서야 두 사람이 나왔다. 나는 숨을 죽이고 기록했다. 장소를 추정할 수 있는 단서들이 함께 남아 있는 간판과 함께 나오는 모습, 둘이 "서로의 거리를 유지하지 않는 모습" 기록을 남겼다.

"의뢰인은 그것을 증거라고 믿고 싶어 했다."

의뢰인에게 전화를 걸었다.

"기록은 끝났습니다. 증거도 확보했습니다."

그는 잠시 침묵하더니 말했다.

"내일… 증거를 보내주세요."

그다음 말이, 나를 얼어붙게 했다.

"그 사진을 보면… "

그의 말은 위태로울 뿐만 아니라 큰일을 낼 것 같은 느낌이었다. 나는 그 순간, 더 이상의 나의 판단으로 갈 수 없다는 걸 알았다. 그리고 그는 덧붙였다.

"저 남자… 제 여동생 남편입니다."

순간, 머리가 새하얗게…. 시간이 멈춘 듯했다. 그렇다면… 매제와 아내가? 그날 이후, 그는 더 이상 단순한 문제로 보지 않았다. 나는 머릿속이 완전히 혼란했고 모든 것이 중심을 잃었다.

다음 날 통화에서 그는 말했다. 부모님께도, 여동생에게도 아무 말도 못 하겠다고.

"탐정님, 저… 어떻게 해야 합니까."

나는 대답할 수 없었다. 이 일에는 답이 없었다.

얼마 후 다시 전화가 왔다. 두 가정이 각자의 선택을 했다는 소식을 전해 들었고 관계가 정리되었다는 이야기를 들었다. 매제는 비교적 안정적인 직장에 몸담고 있었지만, 이후 삶의 방향을 바꾸게 되었다고 말했다. 그 후, 그들은 캠핑을 다니고, 여행을 다니며 아무 일도 없었던 사람들처럼 살고 있다고 전해 들었다.

나는 아직도 이 사건을 어떻게 정리해야 할지 모르겠다. 시간이 오래 지나도, 정리되지 않는 사건들이 있다.

이 일은, 그중 하나다.

– 증거를 보내기 전, 다음 날의 몇 분

아침이 왔고 일상은 아무 일도 없었던 것처럼 다시 시작되었다. 그러나 기록은 여전히 휴대전화 안에 남아 있었다. 마치 봉인된 문서처럼.

다음 날 저녁, 차 안이 아닌 사무실에서 나는 다시 그 기록을 열었다. 시간이 지나면 감정은 흐려질 거라고 생각했다. 그러나 정반대였다. 시간은 기록에 의미를 덧붙였다.

이제 그것은 단순한 현장 메모가 아니었다. 누군가의 하루를 바꿀 수 있는 선택지가 되어 있었다. 파일 선택. 전송 버튼. 기술적으로는 단순했다.

그러나 그 순간, 나는 처음으로 이 일이 단순한 업무가 아니라는 사실을 분명히 인식했다. '보내지 않는 것' 역시 하나의 선택이었다. 그리고 그 선택은 진실을 독점하는 행위가 될 수도 있었다.

나는 스스로에게 물었다.

"내가 판단자가 되어도 되는가."

탐정이라는 직업은 그 질문 앞에서 갑자기 작아졌다.

마지막 몇 분, 나는 의뢰인의 말을 다시 떠올렸다.

"그 사진을 보면…"

위태로운 그 문장을 들은 상태에서 이 기록을 보내는 일은 단순한 전달이 아니었다. 결국 나는 전송했다. 어제보다 천천히, 어제보다 더 의식적으로.

전송 완료.

그 문구를 보며 깨달았다. 시간을 버텼다고 해서 이 일이 덜 잔인해지는 것은 아니라는 걸. 오히려 결정을 미룰 수 있었던 그 시간이 이 사건에서 가장 잔인한 구간이었음을.

진실은 전달되었고, 모든 것은 계약과 절차 안에서 끝났다. 그러나 그 선택이 누군가를 구했는지, 혹은 누군가를 무너뜨렸는지는 아직도 명확하지 않다.

옳았는지는 당신이 판단해도 좋다.

다만 이후로 나는 "확인만 해달라"는 말 앞에서 반드시 한 번 더 침묵하게 되었다. 그 침묵이 윤리였는지, 두려움이었는지는 지금도 확답하지 못한다.

탐정의 사색

나는 진실을 찾는 사람이라고 믿어왔다. 정확히는, 진실을 확인하는 사람이라고. 의뢰인은 늘 같은 말을 한다.

"확인만 해주세요."

그 말 속에 담긴 무게를, 나는 너무 오래 알고 있었다.

사람들은 진실을 원한다고 말하지만 실제로 원하는 건 대부분 자신이 이미 마음속에서 내린 결론을 누군가 대신 증명해 주는 일이었다.

이 사건도 그랬다. 나는 기록했고, 기다렸고, 확인했다. 계약서 안에서, 절차 안에서 한 치의 일탈도 없이 움직였다.

그러나 기록이 쌓일수록 내 안의 질문은 커져갔다. 내가 하는 일이 사실을 전달하는 일인지, 아니면 누군가의 삶을 되돌릴 수 없게 만드는 방아쇠를 당기는 일인지.

사진 한 장. 전송 버튼 하나. 기술적으로는 단순한 일이었다.

하지만 그 순간, 나는 처음으로 깨달았다. 보내지 않는 선택 역시 선택이라는 것을.

탐정은 판단하지 않는다고 배웠다. 우리는 옳고 그름을 말하지 않고, 다만 사실을 놓는다. 그런데 사실은 놓이는 순간부터 누군가의 삶 위에 떨어진다.

나는 그 무게를 이전까지 너무 쉽게 여겨왔는지도 모른다.

시간이 흐른 뒤, 사건은 정리되었다고 들었다. 사람들은 각자의 일상으로 돌아갔고, 겉으로는 아무 일도 없었던 것처럼 살아간다고 했다.

하지만 나는 안다. 정리되지 않는 사건들이 있다는 걸. 서류로는 끝났지만 마음에서는 끝나지 않는 일들.

이 일은 그중 하나다.

그래서 나는 그날 이후 "확인만 해달라"는 말 앞에서 조금 더 오래 침묵한다. 침묵은 도망이 아니라 책임이라는 걸 이제는 알기 때문이다.

진실은 항상 불편하다. 그리고 그 불편함을 누군가는 끝까지 견뎌야 한다. 그게 탐정이라면, 나는 그 침묵부터 배워야 한다고 생각한다.

2. 무인텔, 얼굴 없는 욕망의 통로

이곳에서는 이름이 필요 없다. 얼굴도 관계도 잠시 내려놓는다. 욕망은 늘 이런 장소를 통해 가장 먼저 움직인다.

이 사건을 맡게 된 계기는 오래 알고 지내던 지인의 소개였다. 그는 한때 같은 업계에서 일을 했던 사람으로, 사람을 바라보는 눈이 예리했고 무엇보다 이 일이 가진 무게를 알고 있었다. 그런 사람의 소개라는 점에서, 나는 처음부터 이 사건을 가볍게 받아들이지 않았다.

의뢰인은 교육 현장에서 일하는 사람이었다. 남편은 건물 관리와 관련된 일을 하며 생계를 이어가고 있었고, 겉으로 보기에는 특별히 눈에 띄는 점이 없는 평범한 부부처럼 보였다. 너무 평범해서 오히려 의심이라는 단어조차 쉽게 떠올리기 어려운 상태였다.

의뢰인의 집은 7층 건물의 한 세대였다. 어느 날 건물 전체를 대상으로 한 소방 점검이 있었고, 그 과정에서 관리 인력이 잠시 집 안을 확인하게 되었다고 했다. 그때 의뢰인은 혼자 거주하는 공간처럼 보이는 집 안에, 남편의 옷으로 보이는 물건들이 걸려 있었다는 말을 들었다고 했다.

그 사실 하나가 모든 것을 바꾸지는 않았다. 하지만 그날 이후, 집 안의 공기는 이전과 같지 않았다고 했다.

부부 사이에는 큰 다툼이 있었고, 남편은 감정을 드러내며 관계를 지키고 싶다는 뜻을 밝혔다고 한다. 의뢰인은 아이들의 얼굴이 떠올라 다시 한번 일상을 이어가기로 마음먹었다.

그러나 마음속에 자리 잡은 의문은 쉽게 사라지지 않았다. 무너진 것은 신뢰가 아니라, '확신'이었다.

얼마 지나지 않아 남편은 기존에 하던 일을 정리하고, 개인 승용차를 이용해 외출하는 일이 잦아졌다고 했다. 어디로 가는지, 누구를 만나는지, 무엇을 하는지 알 수 없는 시간이 늘어났고, 의뢰인은 그 공백을 견디기 어려워했다.

의뢰인이 나에게 전달한 정보는 제한적이었다. 차량 번호 하나. 그 외에는 얼굴도, 이름도, 동선도 명확하지 않았다. 심지어 상대방의 존재 자체도 확정할 수 없는 상태였다. 나는 판단하지 않기로 했다. 이 단계에서 탐정이 할 일은 결론이 아니라 확인이기 때문이다.

그러던 어느 날, 의뢰인의 정보로 남편의 차량이 확인되었다. 도심을 벗어나 외곽으로 향하고 있었고, 목적지는 일정하지 않았다. 잠시 후 차량은 한적한 지역에 도착했고, 일정 시간 후 또 다른 차량이 도착하는 장면을 확인했다.

각자의 차량에서 내린 두 사람은 같은 방향으로 이동했고, 잠시 걷다가 다시 남편의 차량에 함께 탑승했다. 이후 차량은 인근의 무인텔 중 하나로 들어갔다.

무인텔은 매번 달랐다. 같은 장소를 반복하지 않았고, 마치 흔적을 남기지 않는 법을 알고 있는 사람들처럼 움직였다.

나는 며칠 뒤, 해당 구조를 직접 확인했다.

차량이 진입하면 자동으로 내려오는 차단막, 외부에서는 내부를 확인할 수 없는 구조, 차에서 내리면 바로 이어지는 계단, 무인 결제 시스템, 그리고 객실로 이어지는 동선. 이곳에서는 차량 외에 사람의 이동 경로를 확인하기 어렵다. 마주침도 없고, 증인도 없으며, 시선도 없다.

무인텔은 흔히 프라이버시를 보호하는 공간으로 인식된다. 하지만 탐정의 시선에서 보면, 이곳은 책임이 희미해지기 쉬운 구조를 가진 장소이기도 하다.

사람들은 이곳에서 이름을 잠시 내려놓고, 얼굴을 감춘다. 배우자, 직업, 도덕 같은 단어들도 잠시 뒤로 미룬다. 남는 것은 욕망과 그 욕망을 스스로 정당화하려는 마음뿐이다.

"걸리지 않으면 괜찮다."

"한 번쯤은 문제없다."

"아무도 모른다."

무인텔을 드나드는 사람들이 모두 나쁜 사람이라고 말할 수는 없다. 오히려 일상에서는 성실하고 책임감 있는 얼굴로 살아가는 경우가 많다. 그래서 이 공간은 더 조용하고, 더 위험하다.

의뢰인과 나는 어느 날 무인텔 인근에서 기다렸다. 출입 차량이 비교적 잘 보이는 위치였다. 마침내 남편의 차량이 모습을 드러냈고, 의뢰인은 그 순간을 놓치지 않았다.

차량이 후진으로 나올 때, 의뢰인은 창문을 내려 달라고 외쳤다. 직접 확인하고 싶었던 것이다. 아니, 믿고 싶지 않았던 현실을 눈으로 끝내고 싶었던 것에 가까웠다.

그들은 마주쳤다. 그리고 그 자리에서, 의뢰인의 일상은 완전히 다른 방향으로 무너졌다.

남편은 내 차량 쪽으로 다가와 유리창을 두드렸다. 나는 그 눈빛을 잊지 못한다. 자신의 입장을 끝까지 고수하려는 사람의 눈빛이었고, 들켜버린 상황을 다르게 받아들이려 애쓰는 얼굴이었다.

나는 창문을 내리지 않았다. 차를 움직여 그 자리를 벗어났다. 자동으로 열리지 않는 차단기를 그대로 밀고 나왔다.

그날 이후, 의뢰인은 나에게 물었다.

"어떻게 해야 증거를 가질 수 있나요?"

무인텔은 침묵하지만, 기록은 남는다. 법적 절차에 따라 CCTV 증거보전 요청을 진행했고, 사실관계를 설명했다.

무인텔은 말하지 않는다. 하지만 기계는 거짓말을 하지 않는다. 출입 기록, 시간, 동선. 그 모든 것은 하나의 이야기로 이어진다.

사람들은 무인텔을 완벽한 은신처라고 생각한다. 하지만 탐정의 눈으로 보면, 그곳은 오히려 가장 솔직한 장소다. 그곳을 드나드는 이유는 단 하나다. 숨기고 싶은 마음이 있기 때문이다.

나는 사람을 믿는 일을 직업으로 삼지 않는다. 의심하는 일을 업으로 삼았을 뿐이다.

의뢰인들은 종종 나에게 묻는다.

"진실을 보면 마음이 편해질까요?"

나는 대답하지 않는다. 진실은 편안함을 주기보다는, 대부분 더 큰 질문을 남기기 때문이다.

이 일을 하며 알게 된 것은 하나다. 사람들은 거짓말을 하기 전에 이미 스스로를 설득해 놓는다는 것. 그래서 그들의 눈빛에는 죄책감보다도 억울함이 먼저 떠오른다.

"이 정도는 괜찮다."

"나만 그런 게 아니다."

"들키지만 않으면 문제없다."

그 말들이 표정 속에 겹겹이 쌓여 있다.

무인텔 앞에 서 있을 때마다 나는 생각한다. 이곳은 욕망이 숨는 장소가 아니라, 책임이 사라지는 구조라는 것을. 이름도, 직업도, 가족도 잠시 내려놓고 들어가는 이 공간에서 사람들은 가장 솔직해진다. 그리고 가장 비겁해진다.

나는 판단하지 않는다. 누가 옳고 그른지를 결정하는 건 내 역할이 아니다. 나는 다만 보고, 기록하고, 전달할 뿐이다. 그런데도 가끔은 기록지 너머로 사람의 삶이 무너지는 소리가 들린다.

그 소리는 늘 조용하다. 비명도 없고, 울음도 없다. 그저 숨이 가늘어지는 소리뿐이다.

의뢰인의 눈을 마주칠 때가 가장 어렵다. 그 눈에는 이미 답이 있는데, 확인받고 싶어 나를 찾아온다는 걸 알기 때문이다. 확신이 두려워 증거를 원하고, 증거가 두려워 다시 부정을 선택하는 마음. 그 모순을 나는 너무 자주 본다.

탐정은 진실을 가져오는 사람이 아니다. 이미 존재하는 진실을 피할 수 없게 만드는 사람일 뿐이다.

그래서 이 일을 하다 보면, 사람의 삶에 선을 긋는 순간을 목격하게 된다. 이전으로 돌아갈 수 없는 선. 그 선을 넘는 순간, 모든 말은 변명이 되고 모든 침묵은 인정이 된다.

나는 오늘도 기록을 남긴다. 누군가의 선택이 만들어낸 흔적을 차갑게 정리한다.

그리고 문득 이런 생각이 든다. 이 일을 오래 할수록 사람을 덜 믿게 되는 것이 아니라, 사람이 얼마나 약한 존재인지 더 잘 알게 되는 건 아닐까.

그래서 나는 계속 이 일을 한다. 믿지 않기 위해서가 아니라, 사람이 스스로에게 얼마나 쉽게 속는지 잊지 않기 위해서.

3. 막대를 쥔 노인

그는 말을 하지 않았다. 대신 손에 쥔 막대가, 그가 살아온 시간을 설명하고 있었다. 사건은 언제나 이런 식으로 시작된다.

노년의 사랑, 자식의 불안, 그리고 인간이 끝내 내려놓지 못하는 계산에 대하여. 재산은 언제나 문제의 시작이 아니라, 드러나는 지점이었다.

의뢰인은 노인의 딸이었다. 말투는 차분했고, 문장은 조심스러웠다. 그러나 그 차분함 아래에는 오래도록 눌러 담아온 불안이 배어 있었다. 마치 말하지 않으려 애써온 생각이, 더는 미룰 수 없는 시점에 이르러 조심스럽게 흘러나오는 듯했다.

"아버지가 요즘 이상해요."

그녀의 첫 문장은 언제나 그렇듯, 사소한 일처럼 시작되었다. 그러나 이 업을 오래 해온 사람이라면 안다. 이런 말 뒤에는 대개 사소하지 않은 마음이 따라온다는 것을.

아버지는 여든다섯이었다. 오랜 시간 고급 아파트에서 혼자 살아왔다. 생활은 안정적으로 유지 되어왔고, 주변에서 보기엔 특별히 문제가 될 만한 흔적은 없었다. 자식들 역시 그렇게 믿어왔다. 적어도 얼마 전까지는.

변화는 전화 한 통에서 시작되었다. 아버지는 어느 날 딸에게 전화를 걸어, 이제 혼자가 아니며 어떤 여자와 함께 살고 있고, 조만간 아파트를 정리할 생각이라고 말했다고 했다. 그 말은 딸에게 쉽게 받아들여지지 않았다.

딸의 머릿속에는 여러 생각이 동시에 스쳐 지나갔다. 노년의 외로움일 수도 있고, 단순한 선택일 수도 있었다. 그러나 동시에, 노년의 판단력이 흐려지고 있는 것은 아닐지, 혹시 누군가의 선택 속에 아버지의 삶과 재산이 끼어들고 있는 것은 아닐지 하는 의심도 함께 고개를 들었다. 그 의심은 그녀를 이곳까지 오게 만들었다.

나는 노인을 직접 보기 전까지, 사람들이 흔히 떠올리는 그림을 머릿속에 그리고 있었다. 노년의 외로움, 의존, 그리고 그 틈을 파고드는 누군가의 계산. 세상은 늘 단순한 이야기를 좋아한다. 하지만 현실은 대개 그보다 복잡하다.

노인을 처음 보았을 때, 그는 한 손에 막대를 쥐고 있었다. 다른 한 손에는 낡은 가시 하나가 들려 있었다. 그 모습이 유난히 오래 기억에 남았다.

나는 문득 고려시대 선비 우탁의 시구가 떠올랐다.

"한 손에 막대 잡고, 또 한 손에 가시를 쥐어
늙는 길을 막대기로 치고 오는 백발 가시로 찌르려 했더니
늙음이 제 먼저 알고, 지름길로 오더라."

그 시처럼, 그의 몸짓에는 늙음을 거부하려는 의지가 분명히 담겨 있었다. 눈빛과 태도에서도 마찬가지였다. 그는 분명히 늙기 싫어하고 있었다. 아니, 정확히 말하면 늙음이 가져올 외로움과 무력함을 거부하고 있었다.

그에게 지금의 선택은, 인생을 정리해야 할 나이에 갑작스레 찾아온

충동처럼 보이지는 않았다. 오히려 오랜 시간 곱씹어온 결정에 가까워 보였다. 그는 막대와 가시를 쥔 채, 삶의 끝자락에서 무언가를 지켜내려 하고 있었다.

그러나 딸의 시선은 달랐다.

자식의 눈에는 언제나 두려움이 먼저 온다. 사랑보다 걱정이 앞서고, 관계보다 재산이 먼저 떠오른다. 그녀는 그렇게 말하지 않았지만, 질문 속에는 분명 그런 마음이 숨어 있었다.

"아직도 젊은 줄 아는 걸까요?"

그 질문은 아버지를 향한 비난이 아니었다. '아직도 아버지가 가진 것이 누군가의 선택에 영향을 주고 있는 건 아닐까'라는 조심스러운 의심이었다. 그리고 그 의심은 결국 조사를 시작하게 만들었다.

그 여자는 법적으로 혼인 관계에 있는 사람이었다. 다만 그 관계의 실상까지 외부에서 단정할 수는 없었다.

평일에는 공장에서 숙식하고 일한다면서 속이고 주말이 되면 집으로 돌아와 쉬었다, 그리고 다시 월요일부터 토요일까지 공장에서 일하는 삶. 노인과 함께 보내는 시간은 주말을 제외하면 대부분이었다. 그 시간 동안 그녀는 노인의 식사를 챙기고, 빨래를 하고, 말동무가 되어주고 있었다.

그 모습은 누군가에게는 돌봄처럼 보일 수 있었고, 또 누군가에게는 계산처럼 보일 수도 있었다. 판단은 보는 사람의 몫이었다.

나는 그녀가 완벽히 순수하다고 말할 수는 없다고 생각했다. 그러나 동시에, 완벽히 계산적이라고 단정할 수도 없었다. 노인의 삶을 가까이서 들여다볼수록, 그녀가 노인의 생활을 실질적으로 지탱하고 있다는 사실 또한 분명했기 때문이다.

자식들이 걱정하는 '재산'은, 노인에게는 이미 삶의 도구가 아니었다. 그에게 그것은 삶의 끝자락에서 내려놓아야 할 짐처럼 보였다.

노인은 말했다.

"돈은 남아도, 결국 혼자 죽는 건 똑같소."

그 말에는 체념도 있었고, 이상하리만큼 단단한 확신도 섞여 있었다. 그는 이미 삶의 마지막을 계산하고 있었다. 다만 그 계산은, 자식들의 계산과는 방향이 달랐다.

소사를 마친 뒤, 나는 딸에게 말했다.

"쉽게 판단할 일은 아닙니다."

노인의 선택이 옳다고 말할 수는 없었다. 그러나 그렇다고 틀렸다고 단정할 수도 없었다. 그 선택은 욕망이 아니라, 두려움에서 비롯된 선택이었기 때문이다.

딸은 한동안 아무 말도 하지 않았다. 아버지를 보호하고 싶다는 마음과, 그의 선택을 존중해야 한다는 생각이 그녀 안에서 조용히 맞서고 있었다. 동시에, 아버지를 통제하고 싶다는 또 다른 마음 역시 부인할 수 없이 존재하고 있었다.

그 이후의 일에는 더 이상 관여하지 않았다. 탐정의 역할은 사실을 밝히는 데까지다. 판단은 언제나 남겨진 사람들의 몫이다.

노인은 여전히 가시와 막대를 쥐고 있을 것이다. 어쩌면 보이지 않는 가시로, 인생의 끝자락을 막으려 하고 있을지도 모른다. 그러나 늙음은 언제나 지름길로 온다. 막대를 휘둘러도, 가시를 쥐어도 결국 도착하는 곳은 같다.

그럼에도 인간은 마지막까지 선택하려 한다. 그 선택이 설령 오해를 낳고, 의심을 불러오더라도.

그것이 늙음을 대하는 인간의 태도이며, 인생을 대하는 마지막 몸부림이기 때문이다.

탐정의 사색

나는 늘 사건보다 사람을 먼저 보게 된다. 서류에 적힌 사실보다, 그 사실을 말하는 사람의 숨 고르는 간격을 더 오래 바라본다.

이 사건에서도 그랬다. 노인은 늙어가고 있었고, 딸은 두려워하고 있었으며, 그사이에 끼어든 나는 판단을 유예한 채 서 있어야 했다.

사람들은 묻는다.

"옳은 쪽은 누구입니까?"

그러나 현실에서 옳음은 언제나 한쪽에만 있지 않다. 대부분의 사건은, 각자의 자리에서 보면 모두가 이해 가능한 선택의 연속일 뿐이다.

노인은 외로웠을 것이다. 그 외로움은 자식의 방문으로는 채워지지 않는 종류의 것이었을 테고, 전화 속 안부로는 메울 수 없는 밤의 길이를 견뎌야 했을 것이다. 그는 자신의 늙음을 부정하고 싶었고, 그 부정의 방식으로 누군가와 함께 있는 삶을 선택했을 뿐이다.

딸의 불안도 이해한다. 부모의 선택이 자신의 통제 밖으로 벗어나는 순간, 자식은 사랑보다 먼저 공포를 느낀다. 그 공포는 종종 '재산'이라는 단어로 표현되지만, 그 이면에는 '아버지를 잃고 싶지 않다'는 말 못 한 감정이 숨어 있다.

나는 그사이에 서 있었다. 누구의 편도 들 수 없었고, 누구의 말도 가볍게 부정할 수 없었다.

탐정이라는 직업은 진실을 밝히는 일을 한다고들 말하지만, 실제로 내가 마주하는 것은 언제나 진실보다 앞선 인간의 마음이다. 그 마음은 선과 악으로 나뉘지 않고, 대개는 두려움과 욕망이 뒤섞인 회색으로 존재한다.

노인은 말했다.

"나는 아직 선택할 수 있다."

그 말이 내 귀에 오래 남았다. 사람은 늙어도 선택하고 싶어 한다. 비록 그 선택이 누군가에게 상처가 되더라도, 스스로를 '결정할 수 없는 존재'로 취급받는 순간을 가장 두려워한다.

나는 그를 말리지 않았다. 그렇다고 등을 떠밀지도 않았다. 탐정이 할 수 있는 일은, 사실을 있는 그대로 보여주는 것뿐이다. 그 사실 위에서 어떤 선택을 할지는, 언제나 그들의 몫이어야 한다.

이 사건을 떠나며 나는 생각했다. 정말 위험한 것은 누군가의 계산이 아니라, 타인의 인생을 대신 판단하려는 선의일지도 모른다고.

막대와 가시를 쥔 노인의 모습이 떠올랐다. 늙음을 막아보려 애쓰는 그 몸짓이, 어쩌면 우리 모두의 모습은 아닐까.

나는 다시 다음 사건으로 향한다. 또 다른 선택과 또 다른 두려움이 나를 기다리고 있을 것이다. 그리고 나는 또다시, 판단하지 않기 위해 애쓰는 사람으로 남아야 한다.

그것이 탐정의 일이니까.

4. 마주한 진실

의뢰인은 상담실에 들어오자마자 한동안 말을 잇지 못했다. 의자에 앉은 채 손등만 반복해서 문질렀다. 이미 수차례 마음속에서 되뇌었을 이야기였을 텐데, 막상 입을 여니 문장들은 제자리를 찾지 못하고 흩어지는 듯했다.

"확실하지 않다면… 진행하지 않으셔도 됩니다."

나는 먼저 그렇게 말했다. 탐정이 언제나 앞으로만 나아가는 것은 아니다. 때로는 멈추는 것이 가장 정확한 선택이 되기도 한다. 증거는 언제나 상대를 향하지만, 그 칼날을 실제로 쥐는 사람은 결국 의뢰인이다.

그는 고개를 끄덕였지만, 표정은 조금도 풀리지 않았다. 이미 마음속에서는 결론이 어느 정도 내려진 얼굴이었다. 다만 누군가 대신 "그래도 된다"고 말해주기를 기다리는 상태처럼 보였다.

그는 아이를 키우고 있었다. 배우자와는 별거 중이었고, 이혼을 전제로 한 절차를 준비하고 있다고 했다. 하지만 서류보다 먼저 무너진 것은 일상이었다. 아이 앞에서는 아무 일 없는 척 웃다가, 혼자가 되면 숨이 막힌다고 했다.

"모르는 채로는 더 못 살겠습니다."

그의 말은 짧았지만, 그 안에는 자책이 섞여 있었다. 마치 '이걸 확인하려는 내가 더 나쁜 사람이 되는 건 아닐까'라는 질문을 스스로에게 던지고 있는 듯했다.

우리는 배우자의 일상을 관찰하기 시작했다. 그녀는 아이와 함께 집을 나섰고, 마트에 들러 장을 봤다. 평범한 부모의 모습이었다. 그 장면만 놓고 보면 의심은 과해 보일 수도 있었다. 그래서 의심은 언제나 잔인하다. 가장 평온해 보이는 얼굴 아래에 무엇이 있는지는, 쉽게 단정할 수 없기 때문이다.

다음 날, 그녀는 다시 아이와 함께 장거리 운전을 시작했다. 목적지는 강릉, 속초 방면이었다. 나는 이미 여러 번 보아온 이동 패턴을 떠올렸다. 여행처럼 보이는 일정, 아이를 동반한 이동. 외부에서 보면 특별할 것 없는 하루였다. 다만 그 선택의 이유까지를 타인이 짐작할 수는 없었다.

정동진.

배 모양의 크루즈 호텔 앞에서 차량이 멈췄다. 바다를 향해 서 있는 그 호텔은 여전히 관광 엽서 속 풍경처럼 평온해 보였다. 그러나 나는 알고 있었다. 그 평온함이 언제나 사실을 말해주지는 않는다는 것을.

그녀는 아이의 손을 잡고 호텔 안으로 들어갔다. 그 순간, 의뢰인의 얼굴이 떠올랐다. 아이를 재우고 나면 혼자 남아 벽을 바라본다고 했던 그의 말. 이 장면을 그가 알게 된다면, 어떤 표정을 지을까.

1박. 아무 일도 없었던 것처럼, 다음 날 그녀는 집으로 돌아왔다.

의뢰인에게 보고할 때, 나는 의도적으로 감정을 배제했다.

"정동진 인근 숙박시설에 일정 시간 체류한 기록이 확인됐습니다."

그는 잠시 말을 잃었다. 전화기 너머로 들리는 숨소리가 길어졌다.

"아이도… 같이요?"

그 짧은 질문 안에 그의 모든 심리가 담겨 있었다. 그가 느낀 충격은 특정 행위 자체보다, 아이가 그 시간과 공간 안에 함께 있었다는 사실이었을 것이다.

며칠 뒤, 그녀는 다시 이동했다. 이번에는 경북 지역의 한 빌라 단지였다. 차량을 세우고 들어간 뒤, 쉽게 나오지 않았다. 외부인의 시선으로 보기에 그곳은 '머무는 집'에 가까운 느낌이었다.

나는 우산을 쓴 채 차량 쪽으로 다가가 전화를 걸었다.

"차량 이동 중 접촉이 있었던 것 같습니다. 잠시 나와서 확인해 주시겠습니까?"

잠시 후 현관문이 열렸다. 그녀는 경계와 귀찮음이 섞인 얼굴로 나왔다. 차량을 둘러본 뒤, 별다른 이상은 없다는 듯 말했고 다시 안으로 들어갔다.

기록은 공개된 공간에서 확인 가능한 동선으로만 남겼다. 집에서 나오는 모습, 차량을 확인하는 장면. 부적절한 관계를 판단하는 데 가장 중요한 것은 '함께 머문 장소'와 '자연스러운 동선'이다.

다음 날, 그녀는 외제 승용차를 타고 이동했다. 차량 명의는 다른 사람이었다. 목적지는 냉면집. 상간자로 추정되는 인물이 운영하는 가게였다.

동료 탐정은 손님처럼 자리를 잡았다. 상간남은 생각보다 어렸다. 아직 욕망이 현실보다 앞서 있는 얼굴이었다. 그는 곧 동료의 시선을 의식했고, 불편한 기색을 숨기지 못했다.

"도대체 누구냐, 왜 나를 감시하느냐."

그의 반응은 빠르고 방어적이었다. 동료는 준비된 말로 대응했다.

"후배가 부탁을 했습니다. 배우자가 가출한 것 같다고요. 혹시 아시는 게 있으면…"

그 순간, 나는 알았다. 그는 이미 자기 이야기를 만들고 있었다.

잠시 후 그의 아버지가 나타났다. 상황을 듣더니 단호하게 말했다.

"성인들 일입니다. 더 이상 문제 될 건 없습니다."

그 말에는 설명되지 않은 감정들이 겹겹이 묻어 있었다. 묵인, 체념, 그리고 방관. 이후의 상황은 관계자들의 판단에 따라 정리되었다. 나는 그 이후의 과정에는 관여하지 않았다.

사건은 그렇게 마무리되었다. 모든 자료를 전달하던 날, 의뢰인은 한참 동안 말을 하지 않았다. 그리고 조용히 말했다.

"이제… 알겠습니다."

그 말에는 분노도, 안도도 없었다. 그저 끝을 받아들이는 목소리였다.

탐정의 사색

나는 늘 사건의 중심에 서 있지 않다. 중심은 언제나 의뢰인에게 있고, 나는 그 주변을 돌며 기록하는 사람에 가깝다. 하지만 기록은 결코 가볍지 않다. 한 줄의 문장이 누군가의 삶을 다음 페이지로 밀어버릴 수 있다는 걸, 이 일을 하며 배웠다.

아이의 손을 잡고 숙박시설로 들어가는 모습을 보았을 때, 나는 카메라를 내리지 않았다. 내려야 했을지도 모른다. 그러나 그 순간의 망설임은 늘 같은 결론으로 돌아온다. *보지 않으면, 아무것도 지킬 수 없다.* 보지 않는다고 해서 사라지는 진실은 없다. 다만 더 늦게, 더 아프게 돌아올 뿐이다.

나는 판단하지 않으려 애쓴다. 사람의 선택에는 언제나 그 사람만 아는 사정이 있고, 그 사정은 외부인의 언어로 쉽게 번역되지 않는다. 그래서 나는 단정하지 않는다. 대신 남긴다. 시간, 장소, 동선, 침묵의 길이. 감정이 끼어들 자리를 최대한 비워 둔다. 비워 둔 자리에 의뢰인이 스스로의 결론을 앉히도록.

그날 밤, 호텔 앞 바다는 조용했다. 파도는 규칙적이었고, 창문에 비친 불빛은 평온했다. 그 평온함이야말로 가장 잔인한 장면일 때가 있다. 겉으로는 아무 일도 일어나지 않는 것처럼 보이는 순간들. 그 순간들이 모여 누군가의 신뢰를 조금씩 갉아먹는다. 나는 그 갉아먹힌 자국을 셈하는 사람이다.

사람들은 묻는다.

"보면 마음이 무너지지 않느냐"고.

무너진다. 다만, 무너지는 방식이 달라질 뿐이다. 예전에는 분노로 무너졌고, 지금은 침묵으로 무너진다. 분노는 빨리 지나가지만, 침묵은 오래 남는다. 보고서를 작성하다가 문득 멈춰 서는 순간들—그건 내가 사람이기 때문일 것이다.

상대가 젊든, 나이가 들었든, 그건 중요하지 않다. 중요한 것은 이야기의 균형이다. 누군가의 말만으로 세상이 결정되지 않도록, 증거가 증거의 언어로 말하게 하는 것. 나는 그 통역자에 가깝다. 통역자는 원문을 바꾸지 않는다. 다만 정확하게 옮길 뿐이다.

의뢰인이 "이제 알겠다"고 말했을 때, 나는 고개를 끄덕였다. 그 말이 안도인지, 체념인지 묻지 않았다. 묻는 순간, 나는 기록자가 아니라 설득자가 되어버리기 때문이다. 이 일에서 가장 어려운 덕목은 설득하지 않는 용기다. 도와주되, 대신 살아주지 않는 것.

나는 다음 사건으로 이동했다.

도시는 여전히 바쁘고, 사람들은 각자의 이유로 서두른다. 그 이유들 사이에서 나는 계속 걷는다. 어둠을 밝히기 위해서라기보다, 어둠이 무엇인지 정확히 보이게 하기 위해서. 빛은 언제나 누군가의 손에 쥐어져야 한다. 나는 그 손이 떨리지 않도록, 사실을 정리해 건넬 뿐이다.

오늘도 독백은 길어졌고, 결론은 없다. 이 일에는 늘 결론이 없다. 다만 다음 선택이 있을 뿐이다. 그리고 나는, 그 선택 앞에서 가능한 한 정직한 기록을 남긴다. 그게 내가 할 수 있는 전부이기 때문이다.

5. VIP실의 불빛

불이 켜진 방과 꺼진 방의 차이는 생각보다 크다. 그 안에서 벌어지는 일은 더 큰 차이를 만든다. 돈은 언제나 가장 밝은 곳을 먼저 비춘다.

중소도시의 한 병원이었다. 지역 주민이라면 누구나 이름쯤은 들어봤을 법한 곳이었다. 특히 병원의 의사는 이 동네에서 모르는 사람이 없을 정도로 유명했다. 삼십 년 가까이 같은 자리에서 환자를 봐왔고, 진료 실력은 물론 인품 또한 흠잡을 데 없다는 평가를 받아왔다.

그의 아내 역시 마찬가지였다. 밝고 친절했고, 병원 행사나 봉사 활동에도 적극적으로 얼굴을 비췄다. 직원들 사이에서도 "원장 사모님"이 아니라 "함께 일하는 사람"으로 불렸다. 겉으로 보기엔 어떤 균열도 보이지 않는, 지나치게 모범적인 부부였다.

의사는 하루 일과를 마치면 곧장 집으로 돌아갔다. 술자리는 거의 없었고, 운동은 아내와 함께했다. 일주일에 한두 번은 반드시 둘이 식탁에 마주 앉아 식사를 했다. 귀가 시간도 일정했다. 누가 보아도 성실하고 가정적인 남편의 모습이었다.

그런데 이상한 점은 늘 사소한 곳에서 시작된다.

어느 날, 아내는 우연히 남편의 퇴근 동선을 알게 되었다. 병원에서 나와 집으로 가는 길. 그 길은 너무도 단순했다. 병원, 주차장, 그리고 집. 하지만 문제는 **퇴근 이후**였다. 가끔 남편은 병원으로 다시 돌아갔다.

"깜빡 잊은 게 있어."

"급한 전화가 왔어."

이유는 늘 비슷했고, 설명도 간결했다.

아내는 대수롭지 않게 넘겼다. 그러나 그런 날이면 이상하게도 병원 건물의 불은 늦은 시간까지 꺼지지 않았다. 특히 VIP실이 있는 쪽 창가였다.

아내는 스스로를 다독했다.

'의심하지 말자. 괜한 생각이다. 피곤해서 그런 거다.'

그러나 마음속 어딘가에 걸리는 돌멩이 하나가 계속 남아 있었다.

결정적인 날은 어느 주말이었다.

남편은 해외 학회 참석을 이유로 출국한다고 했고. 일정은 일주일. 예전에도 몇 번 있었던 일이었기에 의심하지 않았다. 그런데 출국 다음 날, 아내는 병원 근처에서 남편의 차를 보게 되었다. 있을 수 없는 일이었다. 출국이면 차량은 공항 주차장에 있어야 하는데...

그날 저녁, 병원 건물 뒤편에서 아내는 한동안 움직이지 못한 채 서 있었다. VIP실 창가에 불이 켜져 있었다. 늦은 시간이었다. 해외학회에 참석 중이라는 남편이 있을 수 없는 공간이었다.

그날 저녁, 병원 건물 뒤편. VIP실 창가에 불이 켜져 있었다. 아내는 그 자리에서 움직이지 못했다. 시간이 얼마나 흘렀는지도 모른 채 서 있었다. 그리고 그날 이후, 모든 것이 달라졌다.

조용히, 아주 조용히 조사가 시작되었다. 병원에서 과거에 일했던 간호사. 코디네이터. 자주 병원을 드나들던 마사지 여성 관계자. 조각난 정보들이 하나둘 맞춰지기 시작했다.

VIP실은 단순한 진료 공간이 아니었다.

병원 내부 인력과 외부 관계자들, 서로 연결되지 않을 것 같던 단서들이 하나씩 맞물리기 시작했다. 그러나 그 어떤 것도 명확하게 확인된 것은 없었다.

VIP실은 공식적인 설명과는 다른 방식으로 사용되고 있다는 의혹이 제기되었지만, 그 이상은 확인되지 않았다. 병원 내부에서도 말이 엇갈렸다. 외부 인력이 병원을 드나들었다는 소문도 있었으나, 출처와 목적은 분명하지 않았다.

확인되지 않은 정보들은 의심을 키울 뿐이었다.

남편은 그 공간에서 "휴식"을 취했을 뿐이라고 말했다. 아무 일도 없었고, 그저 피로를 풀었을 뿐이라고 했다.

아내는 소리치지 않았다. 울지도 않았다. 대신 조용히 물었다.

"당신, 요즘도 마사지 받나?"

남편은 잠시 멈칫하더니 고개를 끄덕였다.

"다들 받잖아. 별거 아니야."

TV에서도 흔히 나오는 이야기라며, 요즘은 다 그렇다며, 자신의 행동에 문제가 될 것은 없다고 말했다. 그 말이 오히려 더 잔인하게 느껴졌다.

의심은 사실이 아니어도 사람을 무너뜨린다. 그러나 그것이 사실로 받아들여지는 순간, 관계는 되돌릴 수 없는 선을 넘는다.

그날 이후, 두 사람은 여전히 같은 집에서 살고 있다. 같이 밥을 먹고, 같은 TV를 보고, 같은 공간에서 잠을 잔다. 그러나 그사이에는 아무도 건너지 못할 선이 생겼다.

불은 꺼졌다. 하지만 VIP실의 기억은 아직 꺼지지 않았다.

탐정의 사색

나는 늘 가장 늦게 불이 꺼지는 방을 본다. 사람들은 그곳을 잘 보지 않는다. 이미 하루를 다 썼고, 진실을 마주할 기력도 없기 때문이다. 하지만 나는 그 불빛을 지나칠 수 없다. 그 불빛은 늘 누군가의 변명보다 정직하다.

병원은 조용했다. 낮 동안 수많은 몸과 목소리를 삼켜온 건물은 밤이 되자 숨을 고른다. 복도에는 소독약 냄새가 남아 있고, 간호 스테이션에는 더 이상 이름이 불리지 않는다. 그 시간, VIP실만이 예외처럼 살아 있었다.

불이 켜져 있었다.

그것이 문제였다. 학회에 참석 중이라는 사람의 방에서, 설명되지 않는 불빛이 계속해서 켜져 있었다. 나는 기록을 믿는 사람이다. 일정표, 출입 기록, 귀가 시간. 그것들은 대개 거짓말을 하지 않는다. 다만 사람만이 거짓말을 한다.

의뢰인은 울지 않았다. 울지 않는 사람을 나는 더 오래 바라본다. 감정이 없는 게 아니라, 이미 너무 많이 무너진 사람이라는 뜻이기 때문이다. 그녀는 질문하지 않았다. 대신 같은 말을 여러 번 반복했다.

"그 사람은 그런 사람이 아니에요."

나는 고개를 끄덕였다. 늘 그렇다. 사건이 시작될 때, 사람들은 상대를 믿는 이유부터 말한다. 그러나 나는 알고 있다. 이 일은 '그 사람이 어떤 사람이었는지'를 증명하는 게 아니다. '지금 어디에 있었는지'를 확인하는 일이다.

VIP실은 특별한 공간이다. 공식적으로는 휴식과 회복을 위한 곳. 비공식적으로는 설명되지 않아도 되는 일들이 머무는 곳이다. 문이 닫히면, 그 안의 시간은 외부와 분리된다. 나는 그 분리를 가장 경계한다. 분리된 시간은 늘 누군가의 삶을 갈라놓기 때문이다.

증거는 애매했다.

결정적인 장면도, 명확한 장부도 없었다. 다만 반복되는 패턴과, 말의 미세한 흔들림, 그리고 설명되지 않는 귀가 시간들이 있었다. 사건은 언제나 이렇게 시작된다. 확신이 아니라 '어긋남'으로.

남편은 말했다.

"피곤해서 쉬었을 뿐입니다."

나는 그 말을 여러 번 들어왔다. 사람들은 자신이 한 일을 설명할 때보다, 하지 않았다고 말할 때 더 단정적이다. 그는 문제 될 게 없다고 말했다. 그 말은 늘 문제의 시작이었다.

이 사건에서 내가 가장 오래 바라본 것은 불이었다. 켜졌다 꺼졌다를 반복하던 창가의 불빛. 누군가 들어가고 나왔다는 흔적도 없이, 그저 그 자리에 남아 있던 불. 불은 거짓말을 하지 않는다. 다만 이유를 말해주지 않을 뿐이다.

의뢰인은 선택을 해야 했다. 진실을 끝까지 확인할 것인지, 아니면 지금 멈출 것인지. 나는 조언하지 않았다. 탐정은 결정을 대신하지 않는다. 다만 선택의 무게가 얼마나 무거운지, 그 사실만을 알려줄 뿐이다.

그녀는 말했다.

"이제 알 것 같아요."

나는 그 말이 무슨 뜻인지 묻지 않았다. 알아버린 사람은 설명하지 않는다. 설명은 언제나, 아직 모르는 사람의 몫이다.

사건은 종결되었다. 보고서는 간결했고, 문장은 조심스러웠다. 법적으로 문제 될 표현은 없었고, 단정은 철저히 배제되었다. 그러나 나는 안다. 종결된 것은 사건이지, 마음이 아니라는 것을.

그 병원의 VIP실 불은 지금도 켜졌다 꺼질 것이다. 그리고 어딘가에서 또 다른 누군가는, 그 불빛을 이유 없이 바라보다가 마음을 잃게 될 것이다.

나는 다음 사건으로 향한다. 하지만 가끔, 가장 조용한 밤에 그 불빛이 떠오른다. 꺼지지 않은 것은 불이 아니라, 사람의 의심이었다.

6. 학문이라는 이름으로

지식은 늘 중립적이라고 말해진다. 하지만 그것을 휘두르는 손은 결코 중립적이지 않다.

처음 그 이름을 들었을 때, 나는 아무런 감정도 느끼지 못했다. 대학에서 강의를 하는 사람이었다. 아내가 입에 올린 그 직함은 이미 수없이 뉴스와 기사에서 소비되던 단어였다. 그러나 그 이름이 내 앞에 놓이는 순간, 그 단어는 더 이상 추상적인 개념이 아니었다.

의뢰인은 남편의 일상에 균열이 생겼다고 느끼고 있었디. 그 의심은 감정이 아니라, 계산된 불안에 가까웠다.

그녀는 조심스럽게 말했다.

"확실한 증거만 있으면 됩니다."

나는 고개를 끄덕였다. 그 말이 어떤 결과를 낳을지, 이미 알고 있었기 때문이다.

남편은 학회 참석을 이유로 전국에 다닌다고 했다. 전국의 각종 학술 세미나. 7일 일정. 그 말은 의심을 피하기에 충분히 그럴듯했다. 학회라는 이름은 언제나 완벽한 알리바이가 된다.

그날 우리는 학교 근처에서 조용히 대기했다. 주차장 안쪽, 사람들이 잘 보지 않는 구석이었다.

어느 날, 학교 근처 보건소. 코로나 주사를 맞고 나오는 사람들 사이에서 교수와 의뢰인은 자연스럽게 섞여 있었고 그들은 바로 헤어졌고, 교수는 그의 익숙한 동선으로 이동하는데 주저함이 없었다.

이미 여러 번 반복된 행동이라는 느낌이 들었다. 차량은 없었다. 그는 걸어 나왔고, 잠시 주변을 둘러봤다. 그리고 한 여자가 다가왔다. 서로를 확인하는 눈빛은 짧았지만, 충분히 많은 이야기를 하고 있었다.

의뢰인과 통화에서 의뢰인은 낮게 말했다.

"이번엔 SRT 타고 가는 것 같아요. 혼자 가겠죠?"

하지만 나는 고개를 저었다.

"끝까지 봐야 합니다."

탐정은 늘 불편한 자리에 서 있어야 한다. 확신과 의심의 경계, 도덕과 사실의 사이에서.

그들은 SRT를 탔다. 지방행. 차표를 끊는 손놀림이 익숙했고, 줄을 서는 시간조차 자연스러웠다. 우리는 조금 떨어진 좌석에서 그들을 지켜봤다. 열차 안은 조용했다. 마스크 너머의 표정은 읽을 수 없었지만, 몸의 방향과 거리만으로도 충분했다. 그들은 가까웠다. 지나치게.

지방에 도착한 후, 그들은 아무런 망설임 없이 이동했다. 어디로 가는지 묻지도 않았다. 이미 알고 있는 장소였기 때문이다.

세미나 장소는 생각보다 소박했다. 학문이라는 이름에 비해 공간은 작았고, 분위기는 느슨했다. 전국 각지에서 각기 다른 배경을 가진 사람들이 공간을 채우고 있었다. 형식적인 인사, 형식적인 웃음.

그는 강단에 섰다. 차분한 목소리, 정제된 언어. 학생들이 존경할 만한 모습이었다. 그러나 나는 알고 있었다. 강단 위의 모습과 그 이후의 공기가 다르다는 것을.

강의가 끝난 후, 그는 그 여자와 눈을 마주쳤다. 아무 말도 하지 않았지만, 이미 약속은 끝난 상태였다.

지하의 공간에서, 판단은 끝났다. 나는 기록을 남겼다. 셔터 소리는 작았지만, 결과는 무거웠다.

그 순간, 이 사건은 하나로 설명될 수 없게 되었다. 의뢰인의 삶, 한 사람의 역할, 그리고 나 자신의 윤리적 판단이 한 지점에 겹쳐 있었다.

탐정의 사색

사람들은 진실을 원한다고 말한다. 정확히 말하면, 자신에게 유리한 순간까지만 원한다. 그 이후의 진실은 항상 부담스럽다. 그래서 결국 누군가에게 대신 보게 만든다. 그게 나다.

설명은 늘 훌륭하다. 그럴듯한 직함, 반복되는 일정, 사회가 승인한 단어들. 그 조합은 웬만한 의심을 마취시킨다. 나는 그 마취가 풀리는 지점을 기다린다. 사람의 말이 아니라 몸이 먼저 움직이는 순간을.

그는 망설이지 않았다. 길을 찾지 않았고 주변을 살피지도 않았다. 이미 여러 번 와본 사람의 태도였다. 이런 태도를 나는 너무 많이 봤다. 죄책감이 없는 게 아니다. 죄책감을 처리해 본 경험이 많은 사람의 움직임이다.

잠시 후, 다른 사람이 나타났다. 짧은 눈빛, 불필요한 말의 부재. 확인할 필요조차 없는 합의. 사람들은 이런 장면을 우연이라고 부르고 싶어 한다. 우연이라는 단어는 현실을 가장 싸게 포장하는 방법이니까.

나는 기록을 남긴다. 증거가 아니라, 부정이 불가능한 장면을.

탐정이 하는 일은 단순하다. 사람이 끝까지 외면하고 싶어 하는 부분을 더 이상 외면할 수 없게 만드는 것.

그들은 익숙한 공간으로 들어갔다. 처음 온 장소에서 사람은 언제나 조심스럽다. 하지만 이들은 아니었다. 익숙함은 친절한 증거다. 거짓말을 할 필요조차 없다는 뜻이니까.

사진을 찍으며 생각했다. 이 장면이 누군가의 인생을 바꿀까. 아니면 이미 끝난 인생을 확인하는 역할만 할까.

대부분은 후자다. 내가 맡은 사건의 절반 이상은 '새로운 비극'이 아니라 '확정된 파국'이다.

사람들은 나에게 묻는다. 이 일을 하면서 사람을 믿을 수 있느냐고. 나는 대답하지 않는다. 대답하는 순간 아직 기대가 남아 있다는 뜻이니까.

나는 셔터를 내렸다. 그 소리는 작았고 그들이 듣지 못해도 상관없었다.

어차피 이 일의 결과는 항상 가장 늦게 도착하는 사람에게만 크게 들린다. 의뢰인에게. 그리고 가끔은 나 자신에게.

이 일을 계속하는 이유를 묻는다면 나는 이렇게 말하고 싶다.

사람이 거짓말을 멈추지 않아서가 아니라 거짓말을 너무 자연스럽게 해서 누군가는 끝까지 보고 있어야 하기 때문이다.

7. 권리라 착각한 사랑

그는 자신의 행동이 권리라고 믿고 있었다. 누구도 명확히 제지하지 않았기 때문이다. 대부분의 문제는 바로 그 지점에서 시작된다.

젊은 그녀가 사무실 문을 열고 들어왔을 때, 처음 든 생각은 "이 사람은 이미 무너진 상태다"가 아니었다. 오히려 그 반대였다. 너무 차분했다. 감정이 정리된 사람처럼 보였다. 그리고 그런 평온은 대개, 결론에 먼저 도달한 사람에게서 나타난다.

그녀는 의자에 앉기 전 잠시 멈췄다. 미치 이 공간에 들어와도 되는지 마지막으로 확인하는 듯한 태도였다.

"같이… 한 번만 가주실 수 있을까요."

부탁이었다. 명령도, 요구도 아니었다. 그러나 이미 방향은 정해져 있었다.

그녀의 이야기는 보호에서 시작되었다.

상대는 중년의 남자였고, 한 회사의 대표였다. 업무 관계로 만났고, 그는 그녀를 눈여겨보았으며, 곧바로 보호와 지원이 뒤따랐다고 했다. 급여에 준하는 금전적 지원, 거처 제공, 차량 사용, 그리고 무엇보다 '회사 사람'이라는 지위.

그녀의 이름은 직원 명단에 올라가 있었다. 정기적인 출근도, 명확한 업무도 없었지만 그 사실은 문제로 느껴지지 않았다고 했다.

"그땐… 지켜주는 거라고 생각했어요."

그녀에게 그것은 특혜가 아니라 신뢰였다. 의존이 아니라 선택된 관계였다. 관계는 자연스럽게 연인으로 발전했다. 그는 유부남이었지만, 그녀는 그 사실을 숨기지 않았다.

"알고 있었어요."

그러나 그녀의 말에는 조건이 붙어 있었다.

"정리할 거라고 했어요."

"시간이 필요하다고."

결혼 이야기도 오갔다. 공식적인 자리, 미래의 집, 나중의 생활. 그 약속은 서면이 아니었지만, 그녀의 세계에서는 이미 계약과 다름없었다.

그래서 그녀는 안심했다. 회사가 제공하는 모든 물질을 받으면서도 그것을 *대가 없는 지원*이 아니라 *미래에 대한 선지급*으로 받아들였다.

균열은 서서히 시작되었다. 지원은 갑자기 끊기지 않았다. 조금씩 줄어들었다. 연락, 결정권, 그리고 마지막에 남은 것은 형식적인 급여뿐이었다.

그러다 어느 날, 그는 관계를 끝내겠다고 말했다. 설명은 없었고, 협상도 없었다. 그리고 돌아오지 않았다.

그 순간, 그녀의 사고 안에서 남자와 회사는 완전히 하나가 되었다. 그가 배반했다면, 회사가 배반한 것이었다.

그녀는 다시 나를 찾았다. 이번에는 확인이 아니라 **해결**을 원했다.

"제가 직원으로 등록돼 있었잖아요."

"그런데 실제 근무는 없었어요."

그 질문은 조심스러웠지만, 방향은 분명했다.

"이거… 문제가 되지 않나요?"

그녀는 차분하게 가능성을 나열했다.

불법 고용, 허위 급여 지급, 회사 자금의 사적 사용.

그녀는 묻고 있었지만, 이미 답을 정해두고 있었다.

"이걸로 회사를 문제 삼을 수 있지 않을까요?"

그 말의 바닥에는 두 가지 감정이 동시에 깔려 있었다. 하나는 보복심리. 모든 지원을 끊어버린 것에 대한 응징. 다른 하나는 미련. 이 정도까지 가면, 그가 다시 돌아오지 않을까 하는 희미한 기대. 회사를 흔들면, 그도 흔들릴 거라고 그녀는 믿었다.

나는 단호하게 선을 그었다.

"그건 제가 할 일이 아닙니다."

그녀의 표정이 처음으로 흔들렸다.

"사실을 확인하는 것도요?"

"사실을 만들기 위한 조사를 요구하시는 겁니다."

그녀는 잠시 말이 없었다. 그리고 아주 조용히 물었다.

"그럼… 아무도 책임지지 않는 건가요?"

그 질문은 정의처럼 들렸지만, 실제로는 통제의 회복을 요구하는 말이었다.

나는 다시 한 번 말했다.

"누군가를 무너뜨리기 위한 수단으로 조사는 사용할 수 없습니다."

그녀는 고개를 끄덕였다.

이해한 사람의 표정이었다. 그러나 그 이해는 포기가 아니었다. 방향을 바꾸는 데 필요한 정보만 얻은 얼굴이었다. 사무실을 나설 때, 그녀는 침착했다. 울지도, 분노하지도 않았다.

하지만 나는 알고 있었다. 가장 위험한 사람은 감정을 잃은 사람이 아니라, 감정을 **논리로 정리해버린 사람**이라는 것을.

그녀에게 회사는 이제 조직이 아니었다. 배신의 증거였고, 되돌릴 수 없는 계약의 상대였으며, 무너뜨려야 균형이 맞는 대상이었다.

이 사건은 아직 일어나지 않았다. 그러나 방향은 이미 정해져 있었다. 가해와 피해의 경계는 행동이 아니라 **확신이 완성되는 순간** 무너진다.

탐정의 역할은 가능성을 열어주는 것이 아니라, 넘어서는 안 될 선을 분명히 말하는 일이다.

그리고 그날, 나는 그녀에게 단 하나의 사실만 남겼다.

돌아오지 않는 사람을 강제로 되돌리는 방법은 없다.

그 사실을 받아들이지 못하는 순간, 사건은 비로소 시작된다.

솔직히 말하면, 나는 그녀가 불쌍하지 않았다. 상처받았다는 말, 배신당했다는 말, 그 모든 설명 뒤에 숨어 있는 계산이 너무 또렷했기 때문이다.

그녀는 받은 것을 잊지 않았다. 오히려 정확히 기억하고 있었다. 얼마를 받았는지, 어떻게 제공됐는지, 어느 시점부터 끊겼는지까지.

그래서 더 깨씸했다.

아무것도 모르고 휘말린 사림이 아니라, 모든 걸 받으면서도 그것을 '당연한 권리'로 정리해 버린 얼굴이었으니까. 사랑을 말했지만, 그 안에는 늘 급여와 지위가 함께 있었다. 약속을 말했지만, 그 약속은 상대를 묶는 계약처럼 사용되고 있었다.

그녀가 원하는 건 진실이 아니었다. 책임도 아니었다. 무너진 관계를 복구할 방법도 아니었다. 그녀가 원한 건 **돌아오지 않는 사람을 처벌할 논리**였다.

그래서 회사를 꺼냈고, 불법이라는 단어를 꺼냈고, 조사를 요구했다. 조사가 아니라 무기를 달라는 말이었다.

나는 그 순간 알았다. 이 사람은 상처받은 연인이 아니라, 통제권을 빼앗긴 관리자에 가깝다는 걸. 받을 땐 침묵했고, 끊기자 정의를 말한다.

그게 내가 가장 경계하는 인간의 형태다.

그래서 거절했다. 냉정하게, 단호하게.

탐정은 사람의 분노에 도구를 제공하는 직업이 아니다.

그날 이후, 나는 그녀가 어떻게 할지 상상하지 않는다. 다만 한 가지는 확신한다. **받아온 것을 권리로 착각하는 순간, 사람은 가장 쉽게 괴물이 된다.** 그리고 그 괴물은 언제나 자신을 피해자라고 부른다.

IV부. 탐정이라는 시선

1. 탐정이라는 이유로
 (나는 피의자가 되었다)

나는 탐정이었다. 그러나 어느 순간부터 그 말은 직업이 아니라 의심의 출발점이 되었다.

시작은 늘 그렇듯 '의뢰'였다.

의뢰는 특별하지 않았다. 배우자의 외도를 의심하는 부인의 요청. 사실을 확인해 달라는 말은 이 업계에서 가장 흔한 문장이었다.

나는 법의 경계 안에서만 움직였다. 공개된 동선, 외부 관찰, 불법 침입 없는 촬영.

그날 촬영된 사진은 오직 의뢰인 1인에게만 전달되었다. 제3자 제공이나 공개를 의도한 적은 없었다.

그 당시의 나는 이 의뢰가 내가 탐정을 바라보는 인식의 방향을 완전히 바꾸게 될 것이라고는 상상하지 못했다.

약속된 침묵

사진을 전달한 뒤 의뢰인은 거듭 말했다.

"절대 비밀로 해달라."

며칠 뒤 추가로 송금이 이루어졌다. 감사의 표시라는 설명이었다.

나는 그 돈이 어떤 의미로 해석될 수 있는지까지는 생각하지 못했다.

탐정에게 비밀을 지키는 일은 당연한 윤리라고 믿고 있었고, 나는 그 선을 지키고 있다고 생각했다.

그러나 문제는 그다음부터였다.

유포는 내가 아닌 곳에서 시작 되었다

이후 사진은 내가 알지 못하는 경로를 통해 다른 형태로 편집되었고, 우편과 휴대전화 메시지, 단체 대화방 등을 거쳐 확산되기 시작했다.

그 과정에 나는 관여하지 않았다. 그러나 사진 속 당사자들이 고소장을 제출했을 때, 수사 대상에는 내 이름이 포함되어 있었다.

'탐정'이라는 이름의 프레임

조사 과정에서 나는 여러 차례 비슷한 질문을 들었다.

"탐정이니까 가능했겠죠."

"사진을 찍은 사람이 가장 문제 아닌가요?"

이 문장들은 수사 과정 곳곳에서 반복되었다.

한국에는 흔히 말하는 '탐정법'은 존재하지 않는다. 탐정이라는 직업 자체가 불법인 것도 아니다.

문제가 되는 것은 직업이 아니라 행위다. 하지만 현실에서는 행위보다 먼저 직업이 판단의 기준이 되는 순간들이 존재했다.

법적으로 나는 무엇을 위반했는가?

수사 과정에서 여러 법률이 언급되었다.

개인정보 보호, 불법 촬영 여부, 정보통신 관련 법률 등.

압수수색과 포렌식이 진행되었고, 내 주거지와 차량, 휴대전화가 조사 대상이 되었다.

그 과정에서 내 기기에서 직접적인 게시나 전송, 유포를 입증할 만한 자료는 확인되지 않았다는 설명을 들었다.

그럼에도 수사는 계속되었다.

뒤바뀐 위치

사진이 퍼진 경로에는 나와 다른 위치에 있던 사람들이 있었다. 그러나 나는 혼자 일하는 개인이었고, 사회적 보호막이 두텁지 않은 입장이었다.

그 과정에서 누가 가해자이고 누가 피해자인지는 점점 명확하지 않게 느껴졌다.

반복되는 고소와 붕괴

사진 속 당사자들은 시차를 두고 번갈아 가며 나를 고소했다. 접근금지 조치는 수 개월간 이어졌고, 그 시간 동안 나는 정상적으로 일할 수 없었다.

명예는 흔들렸고, 생활은 무너졌다.

극심한 스트레스 끝에 나는 심장 이상 증세로 119에 실려 중환자실에서 며칠을 보내야 했다. 병상 위에서 나는 스스로에게 물었다.

"내가 무엇을 잘못한 걸까."

돈, 그리고 침묵의 요구

그 와중에 의뢰인의 배우자로부터 연락이 왔다. 변호사를 소개하겠다며 계좌로 돈이 송금되었다. 명목은 '변호사비'였다.

그러나 그 제안은 나에게 편안함보다 부담으로 다가왔다.

그 돈이 의미하는 바를 나는 긍정적으로 해석할 수 없었다.

압수수색, 그리고 결과

압수수색과 포렌식은 모두 종료되었다. 내 기기에서는 유포와 관련된 직접적인 전자 정보는 확인되지 않았다는 증명서를 받았다.

그러나 사회적 판단은 이미 진행된 뒤였다.

판결

결국 나는 약식기소 되었고, 벌금형을 선고받았다.

그 판단을 나는 지금도 완전히 이해하지는 못한다.

다만 그 결과로 나는 범죄 기록을 갖게 되었고, 탐정 사무소의 이름은 오래도록 흔들렸다.

- 사회적 편견이 만든 범죄

이 사건은 한 탐정의 일탈이 아니다.

사회적 편견이 어떻게 개인을 범죄자로 만드는지에 대한 기록이다.

탐정이라는 직업은 진실을 확인하는 중간자다. 그러나 사회는 중간자를 싫어한다. 진실은 불편하고, 불편함은 책임을 요구하기 때문이다.

그래서 가장 약한 연결고리를 선택한다.

- 이 기록의 의미

이 글은 변명이 아니다. 복수도 아니다. 다만 기록이다.

가해자가 피해자가 되고, 피해자가 가해자가 되는 구조.

그리고 그 구조 속에서 가장 쉽게 희생되는 사람이 누구인지에 대한 기록이다.

- 맺음말

나는 탐정이었다. 그러나 이 사건에서 내가 한 일은 단 하나였다.

의뢰에 따라 사실을 확인했고, 그 결과를 의뢰인에게 전달했을 뿐이다. 그럼에도 나는 범죄자가 되었다.

이 기록이 남는 이유는 단 하나다.

같은 구조가 반복되지 않기를 바라기 때문이다.

- 법조문과 판례로 본 이 사건의 본질
(범죄는 어디에서 성립하고, 책임은 누구에게 귀속되는가)

이 사건은 흔히 이렇게 요약된다.

"탐정이 사진을 찍었고, 그 사진이 유포되었으며, 그래서 처벌되었다."

그러나 법은 그렇게 단순하게 작동하지 않는다. 형사책임은 **행위, 고의, 인과관계**라는 세 개의 축 위에서만 성립한다. 이 중 하나라도 빠지면 범죄는 성립하지 않는다.

이 사건의 본질은 바로 이 시점에 있나.

법이 요구하는 범죄 성립 요건과, 실제 수사·판결 사이의 괴리.

1) 형사책임의 대원칙 – "행위 없는 범죄는 없다"

형법의 가장 기본적인 원칙은 명확하다.

형법 제10조·제13조 체계상
형사책임은 *자기 행위*에 대해서만 부담한다.

대법원은 반복해서 판시해 왔다.

"범죄는 행위자의 행위와 그 결과 사이에 상당인과관계가 존재하여야 성립한다."

✔ 누군가 범죄 결과를 낳았다고 해서

✔ 그 결과에 연관된 모든 사람이 책임을 지는 것은 아니다.

즉, 책임은 '결과를 발생시킨 행위자'에게만 귀속된다.

2) 개인정보보호법과 '유포 행위'의 귀속

이 사건에서 핵심적으로 문제 된 것은 **촬영물의 유포**다.

개인정보보호법과 정보통신망법은 공통적으로 다음을 요구한다.

제3자 제공 또는 공개 행위

행위자의 직접적 전송·게시

또는 **유포를 용인·교사·방조한 사실**

대법원 판례는 분명히 말한다.

"개인정보의 제3자 제공 책임은 실제 제공 행위를 한 자에게 귀속되며, 단순히 정보를 최초 취득했다는 사정만으로 유포 책임을 물을 수 없다."

이 사건에서

사진 제공 대상: **의뢰인 1인**

제3자 유포 행위: **의뢰인 및 그 배우자**

고소인의 휴대전화 포렌식 결과: **피고소인의 유포 흔적 없음**

법리상 유포 책임이 성립할 여지는 없다.

3) 불법촬영죄 성립 요건과 이 사건

성폭력처벌법상 불법촬영죄는 다음 요건을 모두 충족해야 한다.

성적 욕망 또는 수치심을 유발할 수 있는 신체 촬영

상대방 의사에 반한 촬영

사적 영역 침해

대법원 판례는 "외관상 평범한 일상 장면, 공개된 장소에서의 촬영"에 대해 불법촬영 성립을 **일관되게 부정**해왔다.

이 사건의 촬영은

성적 촬영 아님

신체 노출 없음

공개 동선 또는 외부 관찰

불법 침입·몰래카메라 없음

따라서 **불법촬영 죄**는 구성요건 해당성 자체가 부정된다.

4) 신용정보법(소위 '탐정법') 적용의 착오

수사 과정에서 반복적으로 언급된 것이 소위 말하는 '탐정법 위반'이었다. 그러나 한국에는 '탐정법'이라는 법률은 존재하지 않는다.

신용정보법이 금지하는 것은 금융정보, 신용도, 채무·연체, 병력·범죄경력 등 **신용정보**. 이 사건의 사진은 신용정보에 해당하지 않는다.

대법원 역시 판시한다.

"신용정보법은 개인의 신용질서 보호를 위한 특별법으로, 일반적 사생활 전반을 규율하는 법이 아니다."

즉, **법 적용 대상이 아닌 사안을 억지로 끌어다 쓴 것이다.**

5) 방조·공범 성립 여부

그렇다면 이렇게 질문할 수 있다.

"직접 유포하지 않았더라도, 방조 책임은 없었는가?"

형법상 방조가 성립하려면 범죄 실행을 **인식**하고 이를 **용이하게 하는 행위**가 있어야 한다.

그러나 이 사건에서

유포 계획 인식 없음

사전 공모 없음

사후 묵인조차 증명되지 않음

대법원은 명확히 말한다.

"범죄 발생 후의 사후적 인식이나 결과 발생에 대한 추상적 예견만으로는 방조 책임을 인정할 수 없다."

6) 판례가 말하는 '책임 전가 구조'

유사 판례들에서 대법원은 **책임 전가형 고소**에 대해 경고해왔다.

"실질적 행위자가 존재함에도 사회적 약자 또는 주변인을 피의자로 특정하여 형사책임을 전가하는 경우, 수사기관은 행위 귀속을 엄격히 판단해야 한다."

이 사건은 전형적인 **책임 전가 구조**를 가진다.

실제 유포자: 다수의 사회적 보호망을 가진 학부모

책임을 뒤집어쓴 자: 직업적 편견에 노출된 개인 탐정

7) 이 사건의 본질

이 사건의 본질은 "탐정이 법을 어겼는가"가 아니다. 본질은 이것이다.

법이 요구하는 범죄 성립 요건이 사회적 편견과 수사 편의에 의해 무너진 지점.

그리고 그 결과로, 가해자는 피해자가 되었고 피해자는 가해자가 되었으며 법은 사실이 아닌 **이미지**를 따라 움직였다.

8) 결론

법조문과 판례에 비추어 볼 때, 이 사건은 범죄의 실체보다 **범죄를 만들어내는 구조**를 보여준다.

형법은 묻는다.

"누가 무엇을 했는가."

그러나 이 사건에서 사회는 묻지 않았다.

"누가 더 의심스러운가."

그 차이가, 한 사람을 범죄자로 만들었다.

**- 수사기관의 직업 편향 문제
(누가 더 의심스러워 보이는가?)**

수사는 증거에서 출발해야 한다. 그러나 현실의 수사는 종종 **사람**에서 시작된다.

이 사건은 그 사실을 적나라하게 보여준다. 문제는 불법행위의 존재 여부가 아니라, 누가 그 **행위를 했을 것처럼 보였는가**였다.

1) 직업은 범죄 성립 요건이 아니다.

형사사법의 대원칙은 단순하다.

범죄는 **행위**로 판단하며, 직업·신분·이미지는 판단 기준이 될 수 없다.

그러나 실제 수사 과정에서 '탐정'이라는 직업은 **하나의 혐의처럼 기능**했다.

사진을 촬영했다 → "직업상 그럴 수 있다"

의뢰를 받았다 → "돈을 받고 한 일이다."

부인한다 → "경험이 많아 빠져나가려 한다."

행위가 아니라 **직업 서사가** 수사를 이끌었다.

2) 수사는 왜 '익숙한 범죄자상'을 찾는가

수사기관에는 보이지 않는 경향이 존재한다. 이를 법사회학에서는 '전형화 편향'이라 부른다.

범죄는 특정 직업군에서 발생할 것이라는 믿음

이전 사건의 이미지가 현재 사건에 투사되는 현상

탐정, 흥신소, 사설정보원.

이 단어들은 이미 사회적으로 **범죄 이미지가 부착된 직업군**이다.

그 결과 수사는 묻는다.

"증거가 있는가?"가 아니라 "이 사람이 했을 법한가?"

3) 실제 행위자보다 '설명하기 쉬운 피의자'

이 사건에서 실제 유포 행위자는 다수의 사회적 보호망을 가진 학부모들이었다. 그러나 그들은 처음부터 수사의 중심에 서지 않았다.

이유는 단순하다.

평범한 학부모

사회적으로 보호되는 위치

범죄자 이미지와 거리가 먼 외형

반면 탐정은 달랐다.

혼자 일하는 개인

방어 자원이 부족한 위치

이미 '의심스러운 직업'

수사 입장에서 **설명하기 쉬운 피의자**는 항상 가장 약한 고리다.

4) 입증 책임의 전도

형사절차에서 입증 책임은 국가에 있다. 그러나 직업 편향이 개입되면 구조가 뒤바뀐다.

수사기관: "안 했다는 걸 증명해라"

피의자: "유포하지 않았다는 사실을 입증해야 하는 사람"

이 사건에서 나는 **하지 않은 행위에 대해 해명해야 하는 위치**에 놓였다.

포렌식 결과에서 유포 흔적이 없음이 확인된 이후에도 의심은 사라지지 않았다. 왜냐하면 '탐정이라서 그럴 수도 있다.'는 생각이 남아 있었기 때문이다.

5) 편향은 수사의 방향을 고정시킨다

수사 초기 설정된 가설은 쉽게 수정되지 않는다. 이를 **확증편향**이라 부른다.

탐정이 유포했을 것이라는 전제

그 전제를 강화하는 정황만 채택

반대 증거는 부차적 요소로 취급

그 결과:

실제 유포자의 행위는 주변화되고

피의자의 직업적 정체성만 확대된다.

6) 직업 편향은 법적 오류가 아니라 구조적 문제다.

이 문제는 특정 수사관 개인의 일탈이 아니다. 구조의 문제다.

직업별 고정관념

언론과 대중문화가 만든 범죄 이미지

수사의 효율성을 중시하는 조직 논리

이 모든 요소가 결합될 때 법은 사실이 아니라 서사를 따라 움직인다.

7) 직업 편향이 만든 최종 결과

이 사건의 결론은 증거의 총합이 아니라 **의심의 지속성**이었다.

유포 증거 없음

방조 증거 없음

불법 촬영 요건 불충족

그럼에도 처벌은 이루어졌다.

이는 법적 판단 이전에 이미 **사람에 대한 판단이 끝났기 때문**이다.

8) 이 장의 결론

수사기관의 직업 편향은 보이지 않지만 강력하다.

그것은 묻지 않는다.

"누가 무엇을 했는가."

대신 이렇게 묻는다.

"누가 했을 것 같은가."

그리고 그 질문은 가장 방어력이 약한 사람을 범죄자로 만든다.

2. OECD 국가 중 한국만 불법?

– "OECD 국가 중 한국만 불법이다"라는 말의 오해

탐정(PI)에 대해 이야기할 때 자주 등장하는 문장이 있다.

"OECD 국가 중 한국만 탐정이 불법이다."

이 문장은 분노를 자극하기에는 충분하지만, 사실관계로 보면 **정확하지 않다**.

OECD라는 이름 아래 묶여 있다고 해서, 모든 국가의 법과 제도가 동일할 수는 없다. 탐정 제도 역시 마찬가지다.

– 합법과 불법의 이분법은 현실을 설명하지 못한다.

많은 OECD 국가에서는 탐정 제도가 '**합법**'이라는 단어로 단순화되지만, 실제로는 허용 범위, 자격 요건, 감독 기관, 처벌 규정이 **국가마다 크게 다르다**.

어떤 나라는 면허가 없으면 활동 자체가 불가능하고, 어떤 나라는 민간조사라는 이름으로 제한된 업무만 허용한다. 합법이라는 말은 출발선일 뿐, 결코 자유를 의미하지 않는다.

– 한국은 불법이 아니라, 극단적으로 제한된 나라다.

한국을 설명할 때 더 정확한 표현은 이것이다.

"한국은 탐정 활동의 합법적 영역이 극단적으로 좁은 국가다."

개인정보보호법, 통신비밀보호법, 위치정보법, 스토킹처벌법까지. 사생활 보호를 위한 법률들은 촘촘하게 연결되어 있고, 그 사이에서 탐정이 설 수 있는 자리는 거의 남아 있지 않다.

- 한국의 규제는 시대의 선택이었을지도 모른다.

한국은 빠른 산업화와 디지털화를 겪으며 사생활 침해, 불법 도청, 정보 유출이라는 상처를 반복해서 경험했다.

그 결과 국가는 선택했다. **'조사보다 보호'**, '진실보다 사생활'을 우선하는 방향을. 그 선택이 옳았는지, 혹은 과도했는지는 아직도 논쟁 중이다.

- 문제는 법보다 인식이다.

탐정이라는 직업은 한국에서 여전히 범죄와 불법의 이미지로 소비된다. 그러나 아이러니하게도, 사람들이 가장 절실히 탐정을 찾는 순간은 법과 제도가 보호해 주지 못할 때다.

- 합법이냐 불법이냐 보다 중요한 질문

"왜 한국에서는 이 직업이 설 자리가 없는가?"

"누구의 권리는 보호되고, 누구의 고통은 방치되는가?"

이 질문을 던지지 않는 한, 탐정은 계속해서 회색지대에 머물 수밖에 없다.

– 한국만의 문제는 아니다.

OECD 국가들 역시 사생활 보호와 진실 추적 사이에서 끊임없이 줄다리기를 하고 있다.

다만 한국은 그 줄을 유독 한쪽으로 강하게 당겼을 뿐이다.

– 그래서 이 이야기는 불평이 아니다.

이 글은 "한국만 불법이다"라는 단순한 불만이 아니다. 그보다는 **왜 이렇게 되었는지, 그리고 앞으로 어떻게 바뀔 수 있는지**를 묻는 기록이다.

탐정의 자리는 아직 없을지 모른다. 하지만 질문은 남는다. 그 질문이 사라지지 않는 한, 이 직업 또한 완전히 사라지지는 않을 것이다.

결론부터 말하면

한국에서 '탐정법(민간조사 제도)'이 완전 합법·제도화될 시점은 아직 불확실하지만, 중·장기적으로는(빠르면 3~5년, 늦으면 10년 이상) 가능성은 **열려 있는 상태**다.

아래에서 현실적으로 정리해 보면,

현재 한국의 법적 상태 (2025년 기준)

탐정업(민간조사업)은 '명시적 합법'도 '명시적 불법'도 아님

다만 현실적으로는 불법행위 위험이 매우 높아 사실상 음지 영역.

1) 합법인 것

공개된 장소에서의 일반적인 사실 확인

문서·판결문·등기부 등 공적 자료 분석

변호사 보조 성격의 자료 정리·조사 지원

기업 내부 감사, 보험 사기 분석(한정적)

2) 문제 되는 것

미행·잠복·위치추적

사생활 촬영

불륜 조사 목적의 증거 수집

통신·계좌·차량 정보 접근

→ 이 부분에서 개인정보보호법·스토킹처벌법·통신비밀보호법과 정면충돌한다.

3) 왜 아직 합법이 안 되는가?

핵심 반대 논리

사생활 침해 위험

과거 '흥신소' 이미지

수사권 남용 우려

경찰·검찰과의 역할 충돌

개인정보 보호에 대한 사회적 민감도 증가

☞ 특히 스토킹처벌법(2021) 이후 분위기가 더 보수적으로 변했다.

4) 그럼에도 합법 가능성이 있는 이유

이미 국회에서 여러 차례 논의됨

이름은 대부분 **"민간조사사"**, "공인조사사" 형태

자격시험 + 등록제 + 업무범위 제한 방식

- 해외 사례 -

미국, 일본, 독일, 프랑스 등 대부분 제도화

일본은 **변호사 연계 + 업무 제한**으로 운영

- 국내 필요성 -

기업 조사 수요

보험 사기

지식재산권 침해

실종자 조사(비강제)

변호사 업무 보조

5) 현실적인 전망 (중요)

- 단기 (1~3년)

✕ 전면 합법 가능성 낮음.
○ "변호사 보조형 / 기업조사형" 제한적 허용 가능성.

- 중기 (3~5년)

○ 자격제 + 엄격한 제한 탐정제도 도입 가능

불륜 조사 ✕

개인 미행 ✕

사생활 촬영 ✕

문서·공개정보·기업조사 ○

법률 보조 ○

- 장기 (5~10년 이상)

○ 사회적 합의가 쌓이면 점진적 확대 가능
✕ 지금 같은 '불륜 중심 탐정업'은 거의 불가능

6) 현실적인 결론 (경험자 입장에서)

"한국에서 탐정이 합법이 되는 날이 와도 우리가 상상하는 탐정은 아닐 가능성이 크다."

영화·드라마식 탐정 ✕

불륜 전문 탐정 ✕

미행·촬영 중심 ✕

분석가·조사관·법률보조·기업조사 전문가 쪽으로만 가능성 있음.

7) 개인적으로 매우 중요한 조언

이미 겪은 사건들(고소·약식기소 상황)을 보면, **현행법** 체계에서는 "합법이 되기 전까지 버티는 전략"이 가장 위험하다.

지금 시점에서 안전한 방향은

컨설팅, 사건 분석 서사화

법률·윤리 중심 콘텐츠

경험 기록(책, 에세이)

이건 **합법화 이후에도 가장 가치가 남는 자산이다.**

결론부터 말하면

"OECD 국가들은 다 합법이고 한국만 불법이다" → 이 말은 틀렸다.

다만, **한국의 규제가 OECD 국가 중에서도 유난히 강한 편인** 건 사실이다.

8) 왜 이런 오해가 생기나?

OECD = 탐정 합법 국가 모임 ✘

OECD는 **경제협력기구**이지, 탐정(PI) 제도를 통일해서 정한 기구가 아니다.

→ OECD 가입 여부와 **탐정 합법/불법**은 직접 관계가 없다.

9) 국가별로 전부 다르다.

OECD 국가라고 해도 탐정 제도는 제각각이다.

U 미국: 합법 (주별 면허제, 강한 규제)

J 일본: 합법 (흥신소·탐정업 신고제 + 엄격한 개인정보 규제)

D 독일: 합법이지만 촬영·미행 강력 제한

F 프랑스: 합법 + 국가면허 + 위반 시 중형

G 영국: 합법이나 개인정보법 위반 시 형사처벌

☞ "합법"이란 말은 = 아무거나 해도 된다는 뜻이 절대 아니다.

10) 한국은 왜 문제 되나?

한국은 특이하게

✗ 탐정업을 명시적으로 허용하는 법이 없음

⭕ 대신

개인정보보호법

스토킹처벌법

통신비밀보호법

주거침입·초상권·명예훼손

이 법들이 **실무를 거의 전면 차단함.**

그래서 실제로는 "탐정이라는 직업 자체가 불법"이 아니라 **"탐정이 할 수 있는 합법적 행위가 극도로 제한됨"** 이게 정확한 표현이다.

한 줄로 정리하면

OECD 국가 전부가 탐정 합법인 것도 아니고, 한국만 불법인 것도 아니다. 다만 한국은 OECD 국가 중에서도 탐정 활동에 대한 규제가 가장 강한 나라 중 하나다.

탐정법은 법조 3대 집단이 다소극적이다.

경찰 퇴직프로그램이라고 하는데?

짚어보면 **"경찰 퇴직프로그램"**이라는 표현은 법적으로도, 제도적으로도 정확하지 않다.

다만 그렇게 **인식되게 된** 배경은 분명히 있다.

– 공식 제도 기준부터 정리하면

탐정업(민간조사)은

☞ *경찰 퇴직자를 위한 국가 공식 프로그램이* **아니다.**

현재 한국에서 가능한 건

「신용정보법」 상 **신용정보회사 소속 조사**

또는 **민간조사·컨설팅·정보분석** 형태의 사업

경찰·검찰·법원이 운영하거나 추천하는 퇴직 프로그램은 존재하지 않는
다

즉,

✕ "경찰 퇴직하면 탐정으로 가는 제도"
✕ "퇴직경찰 전용 업종"

이건 **사실이 아니다**

- 그런데 왜 "경찰 퇴직프로그램"처럼 보이느냐?

현실적인 이유가 있다.

퇴직 경찰 출신 종사자가 많음

수사 절차 이해, 법적 한계 감각, 문서 작성·사실확인 능력

→ 업무 적합도가 높음

그래서 업계 초기 인력, 협회 운영진, 교육 강사에 퇴직 경찰 비율이 높아진 것이지 제도가 그런 건 아니다.

- 경찰 조직 내부의 '비공식 진로 인식'

공식 추천 ✕

하지만 개인 차원에서는

"수사 경험 활용 가능"

"전직 후 할 수 있는 일 중 하나"

정도로 암묵적 인식은 존재

☞ 이게 와전되며 "퇴직프로그램 같다."는 말이 퍼진 것이다.

- 법조 3대 집단의 태도도 한몫

경찰: 관여 안 함

검찰: 문제 생기면 처벌

법원: **결과만 판단**

즉, 키우지도 않고, 관리도 안 하고, 사고 나면 처벌만 하는 구조.

그래서 오히려 **경찰 출신 개인이 자기 경험으로 뛰어드는 형태가 많다.**

− **중요한 핵심 정리**

✔□ 탐정업은 경찰 퇴직자 전용도 아니고,
✔□ 경찰 조직의 공식 퇴직 프로그램도 아니며,
✔□ 단지 **경험상 진입이 쉬운 사람군이 많을 뿐,**

그리고 현실은

⚠□ 퇴직 경찰이든 일반인이든, 법 경계 넘으면 동일 하게 처벌.

"경찰 퇴직프로그램"이라는 인식이 오히려 현업 탐정에게 가장 위험하다.

왜냐하면

"경찰도 하던데요?"

"전직 경찰이 하라 했어요"

이런 말은 수사·재판에서 전혀 방어가 안된다.

한국의 탐정법(민간조사업 제도화)에 대해 법조 3대 집단(경찰·검찰·법원)은 전반적으로 **소극적·거리두기** 태도를 유지해 왔다.

- 경찰: "관여하지 않는다"

공식 입장: **탐정업은 경찰 업무가 아님.**

☞ 우려 포인트:

수사권 침해.

유사경찰 논란.

책임소재 불분명.

결과:

제도 설계에 적극 참여 ✗

현장에서는 **불법만 단속.**

☞ *키우지도 않고, 관리도 안 하지만, 문제 생기면 개입.*

- 검찰: "선 넘으면 처벌한다"

관심사는 단 하나:

위법 여부

특징:

제도 공백은 고려 대상 아님

"탐정이라서" 봐주는 일 없음

그래서 불법 사찰·미행·도청·위치추적 → **즉시 기소 논리**

☞ *합법 영역 정리는 소극적, 처벌 기준은 적극적*

- 법원: "법 조문만 본다"

입장:

탐정이라는 직업 자체엔 판단 없음

행위만 본다

현실:

"민간조사라서 필요했다"는 항변 ✕

기존 형법·개인정보법·통신비밀보호법 적용

☞ *직업의 특수성은 고려되지 않음*

- 왜 이렇게 소극적일까? (핵심 이유)

수사권 독점 구조 유지

사고 발생 시 책임 떠안을 주체 없음

직역 갈등(변호사·경찰·경비업계)

국민 여론 리스크

그래서 결론은:

"없애지도 않고, 만들어주지도 않는다"

그래서 생긴 기형적 현실:

법은 없음

수요는 있음

종사자는 늘어남

사고는 개인 책임

☞ 이 공백을 **현업 탐정 개인이 몸으로 버티는 구조**

- 한 문장 정리

탐정법은 법조 3대 집단 모두에게 '우선순위가 낮은 법'이었고, 그 부담은 전부 현장 개인에게 전가됐다.

왜 국가는 손을 떼었는가

아주 핵심적인 질문이다.

"왜 국가는 탐정법에서 손을 떼었는가"는 단순한 무관심이 아니라, **의도된 방치**에 가깝다.

결론부터 말하면

국가는 '필요하지만 책임지기 싫은 영역'이 되었기 때문에 손을 뗐다.

아래에서 구조적으로 풀어보겠다.

☞수사권 독점 구조를 흔들 수 있기 때문이다.

한국 형사사법 시스템의 근간은 단순하다.

수사권: 경찰·검찰

판단권: 법원

민간 개입: **최소화**

탐정법은 필연적으로 질문을 던진다.

"사실 확인은 국가만 할 수 있는가?"

이 질문 자체가:

경찰 권한의 상대화

수사 실패의 가시화

국가 독점의 균열

을 의미한다.

☞ 국가는 이 질문을 제도화하고 싶지 않았다.

사고 났을 때 책임질 주체가 없다

탐정법을 만든다는 건:

허용 행위 규정

금지 행위 명시

감독 기관 지정

피해 구제 구조 설계

까지 모두 포함이다.

그런데 현실은:

경찰은 감독 주체 되기 싫고

법무부는 행정 부담 원치 않고

국회는 표 안 되는 영역

결국 남는 선택지는:

"아예 법을 만들지 않는다"

☞ 법이 없으면, 사고는 **개인 일탈**이 된다.

직역 갈등을 감당할 정치적 동력이 없다.

탐정법 하나로 충돌하는 집단들

경찰: 수사권 침해

변호사: 사실조사 영역 침범

경비·보안업계: 업역 혼선

시민단체: 사생활 침해 우려

국가는 이 모든 갈등을 중재할 의지도 감당할 표도 없었다.

☞ 그래서 **가장 쉬운 선택 = 미루기**

"불법이면 처벌하면 된다"는 편의적 논리

국가 입장에선 이미 충분하다.

불법 촬영 → 처벌

미행·감시 → 처벌

개인정보 수집 → 처벌

굳이 합법 범위를 정의하고 회색지대를 설명하고 가이드라인을 만들 이유가 없다.

☞ 처벌 중심 시스템은 국가에 가장 편하다.

해외 제도는 참고 대상이 아니었다. 미국·일본·유럽엔 탐정 제도가 있지만, 역사, 사법 구조, 시민 감시 문화가 완전히 다르다.

한국에 그대로 들여오면,

통제 비용 ↑

행정 리스크 ↑

책임 논쟁 폭발

☞ 국가는 "우리 시스템에 안 맞는다"로 정리.

그래서 만들어진 현재의 모순.

법은 없음, 시장은 있음, 수요는 커짐

책임은 개인 몫, 이 구조에서 국가는 말한다.

"우린 허용한 적도, 금지한 적도 없다."

하지만 동시에 "선 넘으면 처벌한다."

한 문장으로 요약하면

국가는 탐정업을 '필요악'으로 인식했고, 제도화보다 방치를 선택했다.

3. 이상적인 탐정과 현실적인 탐정
(한 탐정의 고백)

1) 나는 탐정이 멋있어서 이 일을 시작하지 않았다

사실을 말하자면, 나는 한 번도 탐정이 멋있다고 생각해 본 적이 없다. 영화 속 탐정처럼 살고 싶었던 적도 없고, 트렌치코트나 어두운 골목에 대한 로망도 없었다.

다만, 사람들이 외면한 사실을 누군가는 기록해야 한다고 생각했을 뿐이다. 그리고 그 일이 생각보다 훨씬 더 무겁고, 훨씬 더 외로운 일이라는 걸 이 일을 하면서 알게 되었다.

2) 사람들이 기대하는 나는 언제나 '이상적인 탐정'이었다

의뢰인을 처음 만날 때마다 나는 그들의 눈에서 같은 기대를 본다.

"알아서 다 해줄 사람."

"내가 못 하는 걸 대신 해줄 사람."

"선을 넘어도 괜찮은 사람."

그 기대 속의 나는 이미 영화 속 인물에 가깝다.

하지만 현실의 나는 그 기대를 하나씩 무너뜨리는 사람이다. 안 되는 건 안 된다고 말하고, 여기까지가 끝이라고 선을 긋는다.

그 순간, 나는 실망스러운 탐정이 된다.

3) 현실의 탐정은 사건보다 먼저 자기 자신을 의심한다

사건을 맡으면 나는 먼저 상대를 의심하지 않는다.

나 자신을 의심한다. 이 일을 내가 해도 되는지, 이 방식이 옳은지, 나중에 이 선택을 후회하지는 않을지.

이상적인 탐정은 망설이지 않는다.

현실적인 탐정은 망설이는 시간을 견디는 사람이다.

4) 뛰는 날보다 기다리는 날이 훨씬 많았다

이 일을 하며 가장 많이 한 행동은 '아무 일도 하지 않는 것처럼 보이기'였다.

차 안에서, 건물 맞은편에서, 같은 자리를 수십 번 지나치며 그저 시간을 버텼다. 그 시간 동안 나는 수첩을 채웠고, 사진을 쌓았고, 의심을 확인했다.

결론을 내리기보다 결론을 내리지 않기 위해 더 많은 증거를 모았다.

5) 나는 사건을 해결하기보다, 키우지 않으려 애썼다

사람들은 탐정이 사건을 '크게 터뜨리는' 사람이라고 생각한다.

하지만 현실에서 좋은 사건은 조용히 끝나는 사건이다. 아무도 다치지 않고, 인생이 완전히 망가지지 않으며, 법정까지 가지 않는 것.

그래서 나는 종종 의뢰인에게 말한다.

"이 정도에서 멈추는 게 좋겠습니다."

그 말은 탐정으로서 가장 하기 어려운 말 중 하나다.

6) 의뢰인의 분노를 대신 살아줄 수는 없었다

의뢰인의 분노는 진짜다. 배신당한 감정도, 억울함도 사실이다.

하지만 나는 그 분노를 대신 실행해 줄 수는 없다. 선을 넘는 순간 나는 탐정이 아니라 공범이 된다.

의뢰인을 보호하려면 때로는 의뢰인의 적이 되어야 한다.

그 선택은 언제나 혼자 감당해야 했다.

7) 법은 나를 보호하지도, 완전히 적대하지도 않는다

법은 탐정의 편이 아니다. 그렇다고 완전히 적도 아니다.

다만 냉정하다.

사진 한 장, 녹취 한 줄, 설명되지 않는 행동 하나가 모든 것을 바꾼다. 그래서 나는 사건보다 기록을 믿었다. 기억보다 문서를, 직감보다 절차를 택했다.

그 선택 덕분에 지금까지 이 일을 계속할 수 있었다.

8) 가장 힘든 시간은 사건이 끝난 뒤였다

사건이 끝났을 때 나는 안도하지 않았다. 오히려 그 다음이 더 무서웠다.

의뢰인의 선택, 예상하지 못한 행동, 내 손을 떠난 이후의 결과들.

탐정은 결과를 통제하지 못한다. 다만 책임을 피하지 않을 뿐이다.

9) 나는 이상적인 탐정이 되지 못했다

나는 멋있는 탐정이 되지 못했다. 모든 걸 해결해 주지도 못했고, 언제나 정답을 제시하지도 못했다.

다만 선을 넘지 않으려 애썼고, 사건보다 사람을 먼저 생각하려 했다.

그게 현실적인 탐정의 전부다.

10) 이 책은 변명이 아니라 기록이다

이 책은 탐정을 미화하기 위한 글이 아니다.

오히려 이 직업이 얼마나 오해받기 쉬운지, 얼마나 쉽게 잘못된 기대를 받는지에 대한 기록이다.

나는 조용히 지나가는 탐정으로 남고 싶었다. 사람들의 기억에 남지 않아도, 누군가의 삶이 더 망가지지 않았다면 그걸로 충분하다고 믿는다.

그것이 이상적인 탐정보다 훨씬 어려운 선택이었다.

EVIDENCE

이상적인 탐정과 현실적인 탐정

– 실화 에세이 서문

1) 사람들이 상상하는 탐정

사람들은 탐정을 떠올릴 때 이미 하나의 완성된 장면을 머릿속에 가지고 있다.

어두운 골목, 비 오는 밤, 혼자 서 있는 남자. 말수는 적고, 표정은 흔들리지 않는다. 그는 단서를 놓치지 않고, 결국 진실에 도달한다.

이상적인 탐정은 늘 정확하다. 실수하지 않고, 망설이지 않으며, 사건의 끝에서 정의로운 결말을 만든다.

그래서 탐정은 '멋있는 직업'으로 기억된다.

2) 이상은 단순하고, 그래서 매력적이다

이상적인 탐정의 세계는 단순하다. 선과 악이 명확하고, 행동에는 늘 이유가 있으며, 결과는 언제나 납득 가능하다. 그는 한두 개의 단서로 모든 퍼즐을 맞추고, 결정적인 순간에 등장해 사건을 끝낸다.

사람들이 탐정을 동경하는 이유는 이 단순함 때문이다. 복잡한 현실을 단번에 정리해 주는 존재.

그래서 탐정은 이상으로 소비된다.

3) 현실의 탐정은 시작부터 고민한다

현실의 탐정은 사건을 받는 순간부터 고민한다. 이 일을 받아도 되는지, 어디까지 해야 하는지, 무엇을 남기고 무엇을 버려야 하는지.

사건은 늘 애매한 지점에서 시작된다. 선명한 악도, 명확한 피해자도 없는 경우가 대부분이다.

그래서 현실의 탐정은 첫 발걸음부터 조심스럽다.

4) 뛰는 일보다 기다리는 일이 더 많다

영화 속 탐정은 뛰지만, 현실의 탐정은 기다린다. 차 안에서, 건물 맞은편에서, 같은 골목을 수십 번 오가며 아무 일도 없는 사람처럼 시간을 보낸다.

그 시간 속에서 탐정이 가장 많이 하는 일은 '기록'이다. 사진을 찍고, 시간을 적고, 행동을 반복 확인한다.

이상적인 탐정에게 중요한 것은 **결론**이지만
현실적인 탐정에게 중요한 것은 **과정**이다.

5) 사건은 클수록 위험하다

이상적인 탐정이 다루는 사건은 언제나 극적이다.

그러나 현실에서 좋은 사건이란 크게 번지지 않는 사건이다. 조용히 끝나고, 누군가의 인생을 완전히 무너뜨리지 않으며, 가능하면 법정까지 가지 않는 것.

현실의 탐정은 사건을 해결하기보다 사건이 더 커지지 않게 막는 사람
에 가깝다.

6) 의뢰인의 기대와 현실은 다르다

의뢰인은 종종 탐정을 '대리 복수자'처럼 생각한다.

그러나 현실의 탐정은 의뢰인이 원하는 모든 것을 해줄 수 없다. 넘어
서는 안 될 선이 있고, 그 선을 넘는 순간 탐정은 조력자가 아니라 피
의자가 된다.

의뢰인을 실망시키는 선택이 탐정을 살리는 선택이 되는 순간이 있다.

7) 법은 항상 탐정의 편이 아니다

이상 속의 탐정은 법을 넘나들며 정의를 얻는다.

현실의 탐정은 법에서 조금만 벗어나도 수사의 대상이 된다.

사진 한 장, 메시지 하나, 설명되지 않는 행동 하나가 고소의 출발점이
된다.

그래서 현실의 탐정은 늘 스스로에게 묻는다.

"이건 가능한가."

"이건 남겨도 되는가."

"이건 나를 지켜줄 수 있는가."

8) 가장 어려운 시간은 사건 이후다

사건이 끝났다고 해서 모든 것이 끝나는 것은 아니다.

이상적인 탐정은 사건이 끝나면 장면을 떠난다.

현실적인 탐정은 그 이후를 감당한다.

의뢰인의 선택, 예상하지 못한 유포, 오해와 분쟁, 그리고 책임.

어떤 경우에는 사건보다 그 이후가 더 길고, 더 아프다.

9) 이 장을 쓰는 이유

이 장은 탐정을 멋있게 하기 위한 기록이 아니다.

오히려 탐정이라는 직업이 얼마나 무겁고 얼마나 쉽게 오해받을 수 있는지에 대한 경험의 기록이다.

나는 이상적인 탐정이 되지 못했다. 대신 현실적인 탐정으로 살아남으려 애썼다.

10) 이상과 현실 사이에서

이상적인 탐정은 사람들의 기억 속에 남고, 현실적인 탐정은 사람들의 삶 속을 지나간다. 조용히, 눈에 띄지 않게, 아무 일도 없었던 것처럼.

그것이 내가 선택한 탐정의 방식이었다.

4. 탐정은 낭만이 아니다

1) 탐정의 일은 영화가 아니다
사람들은 탐정을 떠올리면 어두운 골목, 트렌치코트, 중절모, 밤거리, 네온사인, 담배 연기, 어두운 사무실, 혼자서 버티는 고독한 인물, 진실과 거짓의 경계 속의 추리를 상상한다.

그리고 탐정의 역할은 관찰력, 추리력, 거짓말을 꿰뚫는 통찰, 끈질김, 집요함, 기록과 증거 정리 능력이다.

그러나 현실의 남성은 카메라 배터리를 확인하고, 차량 블랙박스를 점검하며, 잠복, 미행, 사진 촬영, 통화 내용 분석, 주변인 탐문, 보고서 작성 (의뢰인 제출용) 법 조항을 먼저 떠올린다.

낭만은 상상 속에 있고, 현장에는 합법/불법의 경계, 초상권, 개인정보, 의뢰인의 배신, 진실을 알아도 말할 수 없음, 스트레스, 소송 책임. 계산과 긴장이 남아 있다.

2) 진실은 언제나 아름답지 않다
탐정이 마주하는 진실은 누군가의 배신이고, 누군가의 파탄이다.
진실을 밝혀도 박수는 없다. 대신 울음, 분노, 책임 회피가 돌아온다.
진실은 종종 모두를 불행하게 만든다.

3) 의뢰인은 항상 아군이 아니다
의뢰인은 도움을 요청하지만, 끝까지 신뢰의 편에 서 있지는 않는다.

증거는 왜곡되고, 말은 바뀌며, 책임은 탐정에게 전가된다.
의뢰인의 목적과 탐정의 역할은 같은 방향이 아닐 때가 더 많다.

4) 법은 보호막이 아니라 족쇄가 되기도 한다.

합법의 경계는 종이 한 장 차이다.
한 걸음만 넘어가도 범죄가 된다.
탐정은 범죄를 추적하지만, 동시에 범죄자가 될 위험 속에서 일한다.

5) 기다림이 대부분이다.

탐정의 하루는 사건보다 대기가 많다.
움직이지 않는 차 안, 불이 꺼진 건물 앞, 아무 일도 일어나지 않는 시간.
그 긴 침묵 속에서 집중력을 유지하는 것이 진짜 노동이다.

6) 결과보다 과정이 더 위험하다.

사건이 해결되어도 상처는 남는다.
수사 과정에서 쌓인 스트레스, 오해, 그리고 고소의 가능성.
탐정은 결과로 평가받지만, 위험은 과정에서 발생한다.

7) 돈은 명예를 보장하지 않는다

수익은 일정하지 않고, 비용은 꾸준하다.
장비, 차량, 시간, 정신력.
많은 것을 쏟아도 남는 것은 통장보다 기록뿐일 때가 많다.

8) 탐정은 감정을 숨기는 직업이다.

연민을 보이면 판단이 흐려지고, 분노를 드러내면 위험해진다.
탐정은 사람의 삶을 들여다보지만, 자신의 감정은 철저히 감춘다.

9) 끝까지 남는 것은 책임이다.
사건이 끝나도 기록은 남고, 책임은 사라지지 않는다.
법적 책임, 도덕적 책임, 그리고 스스로에게 지는 책임.
탐정은 늘 결과의 무게를 혼자 감당한다.

10) 그래서 탐정은 낭만이 아니다.
탐정은 멋있어서 되는 직업이 아니다.
견딜 수 있어서, 버틸 수 있어서 남아 있는 사람의 일이다.
낭만은 시작을 부추기지만, 현실은 계속하느냐를 묻는다.

V부. 탐정의 독백

1. 아무에게도 말하지 않았던 일들

어느 날 작가에게서 전화 한 통을 받았다.

TV 출연이 가능한지 여부를 묻는 전화였다. 나는 단호히 거절했고, 방송에 등장하는 탐정들의 '영업비밀'을 보며 현실의 탐정으로서 느낀 점을 전해 주었다.

방송에 나오는 탐정들의 미행, 추적, 위치추적기 부착 장면 대부분은 명백한 불법이다. 그럼에도 방송이 가능한 이유는, 법적 책임이 분산되기나 회피되도록 연출되있기 때문이다.

아래에서는 왜 불법임에도 방송에 등장할 수 있는지, 어디까지가 진짜 합법인지, 방송과 현실 사이의 괴리와 차이를 정리해 보려 한다.

내용은 다음과 같다.

1) 미행·추적·위치추적기 → 왜 불법인가?

● 미행·추적

스토킹처벌법

상대방의 의사에 반해 반복적으로 따라다니거나 감시 → 형사처벌

주거·사생활 침해

특정 장소 반복 관찰, 동선 추적도 처벌 대상

– "한 번 봤다" 수준이 아니라 **의도적·계속적이면 바로 불법**

● 위치추적기 부착

통신비밀보호법

위치정보법

형법상 비밀침해·재물손괴

정보통신망법

☞ 본인 소유 차량이라도

다른 사람이 사용하는 경우 → 불법

배우자 차량도 → 불법 판례 다수

- 동의 없는 위치추적은 거의 전부 불법

2) 그런데 왜 방송에서는 버젓이 나올까?

☞ 이유

① "재연 + 연출"

방송 자막을 잘 보면 거의 항상:

"실제 사건을 바탕으로 한 재연"

"일부 장면은 연출되었습니다"

"전문가 자문하에 제작"

- 실제 수법이 아니라 '드라마적 표현'

실제로는 안 했거나,

합법적인 자료 수집과정이 **불법적인 방법처럼 보이게 편집.**

– **방송은 사실 전달이 아니라 콘텐츠이기** 때문이다.

☞ 이유

② 실제 행위자는 '탐정'이 아니다

방송 속 인물들:

탐정 → 출연자

추적 행위 → **제작진·작가 설정**

위치정보 → **피해자 제공 / 당사자 동의**

법적 책임 주체가 모호해짐

– **형사책임 주체가 특정되지 않게 설계**

☞ 이유

③ "동의받은 상황"으로 설정

방송에서는 보통:

의뢰인 = 배우자 / 본인

위치정보 = "의뢰인이 직접 제공"

촬영 = "촬영 동의서 확보"

- 실제 현장에서는 동의가 있었다는 설정

☞ 이유

④ 사후 문제 생기면 방송사가 책임

만약 문제가 되면?

개인 탐정 ✘

제작사·방송국이 민형사 책임

그래서 법무팀 검토/문제 될 장면은 "암시적 표현"으로 처리

3) 방송과 현실의 결정적 차이

구분	방송	현실
미행	연출·재연	바로 스토킹
위치추적기	설정·소품	중범죄
사진촬영	합법처럼 묘사	초상권·사생활 침해
책임	방송사	행위자 본인

- 현실 탐정이 방송처럼 하면 거의 100% 처벌

4) 왜 유독 '탐정'만 이런 피해를 볼까?

이게 중요하다.

변호사 → 직역법 보호

기자 → 언론자유

경찰 → 수사권

✕ 탐정:

법적 지위 없음.

권한 없음.

책임만 있음.

– 그래서 방송은 "탐정"을 멋있게 쓰고 실제 탐정은 **모든 책임을 혼자 뒤집어씀.**

5) **그래서 현업 탐정들은 어떻게 하는가?**

현실에서 합법적인 탐정 업무는

공개장소 관찰 (일시적)

의뢰인이 제공한 자료 정리

사실관계 정리·보고서

법원 제출용 정황자료 정리

변호사 보조 수준

✗ 직접 미행·추적·부착 = 자살행위

6) 한 줄 요약

방송에 나오는 탐정 수법은 대부분 불법이고, 방송은 연출과 책임 분산으로 가능할 뿐, 현실에서 그대로 하면 바로 피의자가 된다.

- 방송에 나오는 탐정의 영업비밀은 왜 불법인데도 가능할까 ?

1) 방송에 등장하는 탐정 수법의 실체

방송에 등장하는 탐정의 대표적인 활동은 다음과 같다.

미행

추적

차량·사람에 대한 위치추적

몰래 촬영

위치추적기 부착

이 중 **대부분은 현행법상 명백한 불법 행위에 해당한다.**

그럼에도 불구하고 이러한 장면들이 공중파와 케이블 방송에서 아무 문제 없이 노출되는 이유는 무엇일까?

2) 미행과 추적은 왜 불법인가?

미행과 추적은 단순히 "따라다니는 행위"로 오해되지만, 법적으로는 다음 범죄에 해당할 수 있다.

스토킹처벌법 위반

상대방의 의사에 반하여 반복적으로 따라다니거나 관찰하는 행위

지속성·의도성이 인정되면 형사처벌 대상

사생활의 비밀과 자유 침해

특정인의 동선·생활 패턴을 지속적으로 파악하는 행위 자체가 침해로 평가됨

즉, 한두 번 우연히 마주친 수준이 아니라, 목적을 가지고 반복적으로 뒤따르는 순간 범죄가 성립한다.

3) 위치추적기 부착이 중범죄인 이유

방송에서 가장 자주 등장하는 장면은 차량 하부나 가방에 위치추적기를 부착하는 장면이다.

그러나 현실에서는 다음 법률을 동시에 위반할 가능성이 매우 높다.

위치정보의 보호 및 이용 등에 관한 법률

통신비밀보호법

형법상 비밀침해죄

재물손괴 또는 점유침해

특히 중요한 점은 다음과 같다.

본인 명의 차량이라 하더라도

배우자 차량이라 하더라도

가족 관계라 하더라도

상대방의 명시적 동의 없는 위치추적은 불법이라는 판례가 다수 존재한다.

4) 그런데 방송에서는 왜 문제가 되지 않을까?

4)-1. 대부분은 '재연'과 '연출'이다

방송 화면 하단이나 말미에는 거의 예외 없이 다음과 같은 문구가 등장한다.

"실제 사건을 바탕으로 재구성함"

"일부 장면은 연출되었습니다"

"제작진의 구성에 따른 장면입니다"

즉, 실제 행위를 그대로 보여주는 것이 아니라 드라마적 장치로 재현한 것이다.

4)-2. 실제 행위자는 탐정이 아니다

방송 속에서 미행을 하고 추적을 하는 인물은 '탐정'으로 설정된 출연자일 뿐이다.

법적 행위 주체 → 제작진

촬영 책임 → 방송사

연출 책임 → 작가·연출자

법적 책임이 특정 개인에게 귀속되지 않도록 구조적으로 설계되어 있다.

4)-3. '동의가 있었다'는 설정

방송에서는 대부분 다음과 같은 전제를 깔고 진행된다.

의뢰인이 직접 위치정보를 제공

촬영 대상자의 사전 동의 확보

소품용 장비 사용

실제 불법 행위가 아니라, 합법 상황으로 설정된 연출이라는 점을 강조한다.

5) 방송과 현실의 결정적 차이

구분	방송	현실
미행	재연·연출	스토킹 범죄
위치추적	설정·소품	중범죄
촬영	동의 전제	초상권 침해
책임	방송사	개인 탐정

- 방송에서 허용되는 장면을 **현실에서 그대로 따라** 하면 즉시 피의자
가 된다.

6) 탐정만 유독 위험한 이유

다른 직역과 비교하면 차이가 분명해진다.

경찰 → 법적 수사권 존재.

기자 → 언론의 자유 보호.

변호사 → 직역법에 따른 권한.

☞ 반면 탐정은,

명확한 법적 지위가 없고,

수사권이 없으며,

보호 장치도 없다.

권한은 없고 책임만 있는 직업이 바로 현실의 탐정이다.

7) 현실에서 가능한 합법적 탐정 업무

현업에서 허용되는 탐정 업무는 매우 제한적이다.

공개된 장소에서의 일시적 관찰

의뢰인이 제공한 자료의 정리·분석

사실관계 정리 및 보고서 작성

변호사·법무사를 위한 자료 보조

합법적 정보 수집 범위 내 조사

미행, 추적, 부착, 도청은 **업무가 아니라 범죄 영역이다.**

8) 결론

방송에 등장하는 탐정의 영업비밀은 현실에서는 대부분 **불법이거나 범죄의 경계선**에 있다.

방송은 연출과 책임 분산으로 가능하지만, 현실의 탐정에게는 **단 한 번의 선택이 전과로 이어질 수 있다.**

이 간극을 이해하지 못한 채 방송 속 탐정을 따라 한 사람들은 결국 **의뢰인이 아니라 스스로를 조사하게 되는 아이러니**에 빠지게 된다.

9) 실제 사건 예시

① 방송을 그대로 믿은 탐정의 추적, 스토킹이 되다.

의뢰인은 배우자의 외도를 의심하며 탐정에게 조사를 요청했다.

탐정은 방송에서 보던 방식 그대로 행동했다.

출퇴근 시간대 반복 관찰

일정 거리 유지하며 도보 추적

차량 이동 시 뒤따르며 동선 파악

사진 촬영 및 시간대 기록

탐정은 "직접 접촉하지 않았고, 멀리서 지켜봤을 뿐"이라고 생각했다. 그러나 대상자는 이미 **자신이 계속 감시당하고 있다는 사실**을 인지하고 있었다.

결국 대상자는 경찰에 신고했다.

☞ 수사 결과

혐의: 스토킹처벌법 위반

판단 근거:

우연이 아닌 **목적 있는 반복성**

동일 시간대·동일 동선의 지속적 관찰

사진과 메모로 입증된 추적 의도

탐정은 "업무상 행위"를 주장했지만 받아들여지지 않았다.

법원은 다음과 같이 판단했다.

"직업적 목적이라 하더라도 상대방의 의사에 반한 반복적 관찰은 정당한 업무로 볼 수 없다."

이 사건에서 탐정은 벌금형을 선고받았고 기존 의뢰 자료는 **모두 증거 능력을 상실**했다.

의뢰인은 결과물을 사용할 수 없었고, 탐정은 전과 기록을 남기게 되었다.

② 위치추적기 하나로 무너진 '정당한 의뢰'

두 번째 사건은 더 치명적이다.

의뢰인은 "내 명의 차량인데 왜 안 되느냐"며 탐정에게 차량 위치 확인을 요청했다.

탐정은 방송에서 보던 방식 그대로 차량 하부에 소형 위치추적기를 부착했다.

며칠간 이동 경로는 완벽하게 파악됐다.

그러나 문제는 **그 다음**에 발생했다.

사건의 전개

차량을 사용하던 상대방이 이상을 감지 – 정비소에서 위치추적기 발견 – 즉시 경찰 신고

수사는 단순하지 않았다. 적용된 혐의는 하나가 아니었다.

☞적용 법률:

위치정보 보호법 위반

통신비밀보호법 위반

비밀침해

점유침해

탐정은 다음과 같이 항변했다.

"차량 소유자는 의뢰인이다"

"불법 도청이 아니라 위치 확인이다"

"의뢰인의 권리 보호 목적이다"

그러나 법원 판단은 명확했다.

"차량의 명의와 사용자의 사생활은 별개의 문제이며, 사용자의 동의 없는 위치추적은 중대한 사생활 침해에 해당한다."

결과적으로

탐정은 형사처벌

의뢰인 역시 공범 또는 교사로 조사

수집된 모든 위치 데이터는 **불법수집증거로** 배제

한 번의 위치추적이 **탐정과 의뢰인을** 동시에 피의자로 만들었다.

10) 두 사건이 말해주는 공통된 교훈

이 두 사건에는 공통점이 있다.

방송에서 본 방식 그대로 실행

"직업상 필요"라는 착각

의뢰인의 요구를 법보다 앞세움

그러나 법은 일관된다.

탐정에게는 수사권도, 예외도 없다.

방송은 이야기로 끝나지만, 현실의 사건은 **전과 기록으로 남는다.**

방송 속 탐정은 연출이 보호하지만, 현실의 탐정은 오직 법만이 기준이 된다.

2. 합법과 불법의 경계선

한국에서 탐정(민간 조사)은 허용되는 영역과 금지되는 영역의 경계가 매우 명확하다.

핵심은 "정보 수집은 가능하지만, 권리 침해는 불가"이다.

O 탐정의 **합법적 활동**

다음은 **법에 저촉되지 않는 범위**에서 가능한 활동들이다.

1) 공개된 정보 수집

인터넷, SNS, 언론보도, 등기부, 판결문 등 **공개 정보 분석**

당사자가 스스로 공개한 SNS 게시물 캡처

2) 동의 기반 조사

의뢰인의 동의를 받은 자료 조사

본인이 대화 당사자인 **통화·메신저 녹취** (상대방 동의 불필요)

3) 미행·관찰 (제한적)

일시적·비집요하지 않은 관찰

공공장소에서의 **단순 확인 수준**

4) 사실 확인·보고서 작성

사실관계 정리, 시간·동선·행적 **기록**

법률 판단이 아닌 **사실 위주의 보고서**

5) 합법적 증거 보조

이미 합법적으로 확보된 증거의 **정리·분석**

변호사·의뢰인을 위한 **자료 정리 역할**

✘ **탐정의 불법행위 (주의!)**

아래는 실제 처벌로 이어지는 **위험 영역입니다.**

1) 불법 촬영·도청

상대방 **동의 없는 통화 녹음** (제3자)

주거지·차량 내부·화장실 등 **사생활 공간 촬영**

2) 개인정보 침해

주민등록번호, 주소, 계좌, 통신자료 **무단 취득**

위치추적기(GPS) **부착**

3) 스토킹 행위

반복적 미행, 지속적 연락

상대방에게 **공포·불안**을 유발하면 성립

4) 위장·사칭

경찰·공무원·기자 **사칭**

거짓 신분으로 정보 취득

5) 증거 조작·유포

편집·왜곡된 자료 제출

의뢰인에게 준 자료가 **유포될 위험**이 있음에도 통제하지 않은 경우
→ **공범·방조 책임** 문제 발생 가능

- 실무에서 가장 위험한 포인트

"의뢰인이 시켜서 했다" → 면책 ✖

"내가 직접 유포 안 했다" → 방조 책임 가능

"증거 확보 목적이었다" → 위법이면 불인정

☛ 의뢰인의 사용 방식까지 고려하지 않으면 탐정이 책임을 질 수 있다.

- 탐정이 반드시 지켜야 할 원칙 5가지

불법이면 아예 손대지 않는다

촬영·녹취는 공개·동의·당사자 원칙

자료는 **최소한만 수집**

결과물은 사실 기록 중심

의뢰인에게 **유포 금지·법적 책임 고지**

"탐정의 일은 진실을 밝히는 것이지, 법의 경계를 넘는 것이 아니다.
불법의 한 발 앞에서 멈출 수 있을 때, 비로소 탐정은 직업이 된다."

3. 불법의 문턱에서

탐정이 걸리면 경찰은 기소 의견으로 송치하고 검찰은 벌금 때리고 판사는 조금 깍아주고 반복되면 실형. 다만 **항상 그렇게 딱 정형화되는 건 아니고**, 죄명·전과·행위 수위에 따라 갈린다.

정리해서 정확하게 말하면.

1) 경찰 단계

기소 의견 송치가 일반적

불법 촬영, 통신비밀침해, 스토킹, 개인정보보호법 위반 등

경찰은 유·무죄 판단기관이 아니라

→ "범죄 혐의 있음" 판단만 하면 검찰로 넘긴다.

☞ **실무적으로 탐정 사건은 무혐의 종결보다 송치 비율이 높다.**
(회색지대라도 일단 넘김)

2) 검찰 단계

초범 + 영리성 약함 + 반성

→ 약식기소(벌금)가 가장 흔함

벌금 액수는

촬영/추적 수위

피해자 수

반복성

직업성(탐정 영업 여부)

를 보고 책정

☞ 그래서 현실은 검사가 **"벌금 좀 세게"** 때리는 경우가 많고 법원으로 넘어간다.

3) 법원(판사) 단계

약식명령 사건의 경우

벌금이 소폭 감경되는 경우가 많음

이유는

초범

반성문

생계 곤란

범행 경계선(고의성 낮음) 실제 체감

검찰 700 → 판사 500~600

이런 구조가 흔하다.

4) 문제는 "반복"일 때

여기서부터 판이 완전히 달라진다.

🔁 2회차

벌금 상향

집행유예 검토 시작

"동종 전과 있음" 명시

🔁 3회차 이상

실형 가능성 현실화

특히 다음은 위험

같은 수법 반복

영업 지속

피해자 다수

합의 없음

판사 시각은 이것이다.

"직업적으로 계속한다."

→ 교화 가능성 낮음

5) 한 줄로 요약하면

초범 탐정 사건
→ 경찰 송치 → 검찰 벌금 → 판사 소폭 감경

반복되면
→ 벌금 누적 → 집행유예 → 실형

6) 실무적으로 중요한 포인트

폐업, 중단, 직종 변경은 매우 중요.

"다시는 안 한다"는 말보다
→ **실제 행위 중단 증거가 더 중요.**

반성문, 생계자료, 탄원서
→ **1회차에서 최대한 소모하는 게 맞음.**

4. 반드시 주의해야 할 것들

- 진실을 쫓는 직업의 가장 위험한 경계선

탐정은 진실을 추적하는 사람이다. 그러나 그 진실은 언제나 **법과 윤리의 경계선 위**에 존재한다. 한 발만 잘못 디디면, 의뢰인을 돕는 사람이 아니라 **피의자**가 된다.

현장에서 수많은 사건을 겪으며, 나는 이 사실을 뼈아프게 배웠다.

1) 의뢰인의 말은 '사실'이 아니라 '주장'이다

의뢰인은 대부분 억울함을 안고 온다. 분노, 배신감, 피해의식이 섞인 상태에서 자신의 이야기를 **사실처럼** 말한다.

그러나 탐정이 가장 먼저 해야 할 일은 **공감이 아니라 거리 두기**다. 의뢰인의 말은 진실일 수도 있지만, **왜곡된 기억**이거나 **의도적인 생략**일 수도 있다.

"의뢰인의 편에 서되, 의뢰인의 말에 매몰되지 말 것."

의뢰인의 주장과 객관적 사실은 철저히 분리해 기록해야 한다.

이 구분을 흐리게 하는 순간, 판단은 흔들린다.

2) 불법은 '결과'가 아니라 '과정'에서 발생한다

많은 탐정이 이렇게 말한다.

"결과적으로 진실이 밝혀졌잖아요."

하지만 법은 결과를 묻지 않는다. **과정**을 묻는다.

불법 촬영

무단 위치추적

동의 없는 녹취

사적 공간 침입

제3자에게 정보 제공

이 중 하나라도 포함되면, 진실은 곧 **범죄의 증거**로 뒤바뀐다.

탐정에게 가장 중요한 질문은 이것이다.

"이 방법이 합법인가?"

조금이라도 애매하다면, 하지 않는 것이 맞다.

탐정은 **빠른 사람**이 아니라 **끝까지 살아남는 사람**이어야 한다.

3) '전달 이후'까지 책임이 남는다

많은 사건에서 가장 위험한 순간은 **조사 완료 후**다. 자료를 넘기는 그 순간, 통제권은 의뢰인에게 넘어간다. 사진 한 장, 영상 한 컷이 협박이 되고, 유포가 되고, 범죄가 되는 데는 몇 분이면 충분하다.

따라서 탐정은 반드시 다음을 명확히 해야 한다.

자료의 **사용 목적**

제3자 제공 금지

위반 시 책임 소재

가장 안전한 방법은 **서면 동의와 기록**이다. 구두 약속은 법정에서 아무 힘도 없다.

4) 의뢰인은 언제든 '상대편'이 될 수 있다

탐정이 가장 늦게 깨닫는 진실이 있다.

의뢰인은 영원한 아군이 아니다.

상황이 바뀌면, 책임을 피하기 위해 가장 먼저 탐정을 지목하는 경우도 적지 않다.

"그 사람이 하라고 했다"

"전문가라서 믿었다"

"불법인 줄 몰랐다"

이 말 한마디에, 탐정은 **공범**이 되기도 한다.

그래서 탐정에게는 인간관계보다 **기록**이 중요하다.

5) 감정이 개입되는 순간, 직업은 무너진다

연민, 분노, 정의감.

탐정을 움직이게 하는 감정들이지만, 동시에 가장 위험한 요소다.

특히 억울한 피해자 앞에서 "내가 대신 벌을 주겠다"는 생각이 들 때, 이미 선은 넘어졌다.

탐정은 판사가 아니다.

정의를 집행하는 사람이 아니라, **사실을 확인하는 사람**이다.

6) 탐정은 언제나 '혼자 책임진다.'

이 직업에는 조직이 없다. 문제가 생기면 개인이 전부 떠안는다.

의뢰인은 등을 돌리고, 대상자는 고소를 하고, 법은 결과만 판단한다.

그래서 탐정은 항상 최악의 상황을 가정해야 한다.

"이 사건이 법정으로 가면, 나는 안전한가?"

이 질문에 자신 있게 답할 수 없다면 그 사건은 맡지 않는 것이 맞다.

7) 가장 중요한 주의점: 스스로를 지켜야 한다

탐정은 남의 삶을 들여다보는 사람이다. 그만큼 자신의 삶은 쉽게 무너진다. 경제적으로, 사회적으로, 심리적으로 언제든 고립될 수 있는 직업이다.

그러므로 탐정은 사건보다 먼저 **자기 자신을 보호하는 직업윤리**를 가져야 한다.

- 맺으며

탐정은 진실을 찾는 사람이다.

그러나 그 진실이 자신의 인생을 파괴해서는 안 된다.

조사보다 중요한 것은 판단이고, 판단보다 중요한 것은 멈출 줄 아는 용기다.

이 글이, 앞으로 이 길을 걷게 될 누군가에게 조금 늦게라도 **경고등이** 되기를 바란다.

5. 불륜 조사는 어디까지 허용되는가

한국 기준으로 탐정(민간조사업자 사설조사자)이 **합법적으로 수행할 수 있는 불륜 관련 조사 범위를 명확히 선으로** 정리해 보겠다.
(실무에서 가장 많이 문제 되는 지점 위주)

1) 합법적으로 가능한 범위

① 공개된 장소에서의 관찰·촬영

도로, 공원, 식당, 카페, 백화점, 주차장 등 '누구나 출입 가능한 장소'

예시

식당에서 두 사람이 마주 앉아 식사

거리에서 **손을 잡고 걷는 장면**

카페에서 **연인처럼 밀착한 모습**

☞ 핵심 기준

장소가 **공개**

촬영 방식이 **일반인 시야와 동일**

도청·잠입·위장 없음

② 시간·동선·행동 패턴 정리

특정인과 **자주 만나는 사실**

퇴근 후 **반복적으로 같은 장소 방문**

특정 요일·시간대 **고정적 만남**

☞ **단순 사실 정리·기록은 합법**

("언제, 어디서, 누구와" 수준)

③ 의뢰인에게 '자료 전달'

사진·영상·관찰기록을 **의뢰인에게만 전달.**

제3자 유포 ✘

SNS·단톡방 공유 ✘

☞ **의뢰인이 유포하면 그건 의뢰인 책임**

(단, 탐정이 유포 가능성을 알면서 제공하면 문제 소지)

④ 민사 소송용 자료

이혼 소송, 위자료 청구용 참고자료

단, 결정적 증거가 아닌 '정황 자료' 수준

2) 불법이 되는 영역

① 주거·숙박시설 내부 촬영

호텔·모텔·펜션 객실

주택·오피스텔 내부

커튼·문틈·베란다 촬영

☞ **주거침입 + 성적 프라이버시 침해**
→ 실형까지 가능.

② 통신·대화 내용 수집

휴대폰 위치추적

카톡·문자·통화 녹음

차량 블랙박스 음성 무단 확보

☞ **통신비밀보호법**

"의뢰인이 배우자라도 불법"

③ 미행·잠복이 '스토킹' 수준

지속적·반복적 추적

상대방이 인식하고 불안·공포 느끼는 경우

☞ **스토킹처벌법**

고의성 없어도 **반복성** 있으면 성립

④ 신분 위장·사칭

배달원, 관리인, 호텔 직원 사칭

병원·회사 내부 침투

☞ **사문서·사칭·업무방해**

⑤ "불륜 확정" 표현

보고서에

"불륜 관계임이 명백함" ✗

"성관계 추정" ✗

☞ **명예훼손 위험**

사실 + 평가 분리 필수

3) 실무에서 가장 헷갈리는 대표 질문 정리

① 호텔 출입 장면 촬영은?

입구에서 들어가는 장면: 회색

나오는 장면: ⭕ (공개장소 + 외형 관찰)

☞ 체류시간·동행 사실만 기록, 내부 추정 ✗

② 어깨동무·포옹 촬영은?

공개 장소 + 자연스러운 거리 촬영 → O

망원·집요한 근접 촬영 → X 가능성

③ 사진 몇 장이면 불륜 증거?

형사 X (간통죄 폐지)

민사 O (정황 증거 누적)

4) 탐정이 지켜야 할 '안전 원칙 5가지'

공개장소 원칙

단발성 관찰

평가·판단 금지

의뢰인 외 유출 금지

기록은 '사실 중심'

5) 현실 조언 (중요)

"불륜을 입증해 주겠다"는 말 자체가 위험

탐정은 사실 확인자

판단·단정은 **법원의 영역**

한 줄 요약

탐정은 '보이는 것만, 공개된 곳에서, 판단 없이'까지만 합법이다. 그 선을 넘는 순간, 의뢰인이 아니라 탐정이 피고인이 되는 것이다.

6) 한국에서 탐정 불륜 조사가 애매한 이유

탐정법이 없음

불륜 자체는 범죄 아님

대신 아래 법으로 **사후 처벌**

통신비밀보호법

개인정보보호법

주거침입

스토킹처벌법

명예훼손

👉 즉,

"불륜조사는 합법/불법이 아니라 조사 '방법'이 나중에 범죄가 되느냐 마느냐"

그래서 변호사·경찰·판사 설명이 다 달라 보이는 것이다.

7) 법원이 실제로 처벌한 지점 기준

- 실제 처벌 포인트는 딱 3가지.

① '보이는 것'을 넘어서면 바로 처벌

행 위	법원 판단
호텔 객실 내부 추정	✕
"성관계 있었을 것" 보고서	✕
커튼·베란다 촬영	✕

☞ 보지 못한 걸 추정하면 끝

② 반복성 + 특정성 = 스토킹

같은 대상, 같은 목적, 지속적 추적

상대가 알아 차렸는지 여부 중요

"불안·공포" 진술 나오면 → 거의 기소

☞ 이게 실제로 탐정들 가장 많이 걸리는 포인트

③ '의뢰인이 원했다?'는 항변은 100% 기각

법원 입장:

"의뢰인의 요청은 면책 사유가 아니다."

배우자라도

결혼 관계라도

민사 소송 목적이라도

☞ 행위 주체 = 탐정 → 책임도 탐정

8) 그럼 진짜로 "무혐의 난" 사례.

무혐의·불기소 공통점

✔ 공개 장소
✔ 단기간
✔ 단정 표현 없음
✔ 내부 침해 없음
✔ 제3자 유포 없음

예시 문구 (실제 무혐의 케이스 스타일):

"2024. 6. 12. 19:30경 대상자 A와 B가 ○○식당에서 약 1시간 20분간 동석하여 식사한 사실을 확인함."

☞ 이건 거의 안 걸림.
왜냐하면, 경찰도 '일반인도 할 수 있는 관찰'이라고 보기 때문.

9) 왜 "식당 어깨동무 사진"도 말이 갈리는가?

이 부분이 제일 억울한 지점이다.

판단 기준은 딱 하나이다.

"일반인이 우연히 봐도 같은 장면인가?"

상 황	결 과
식당 나오며 자연스럽게 어깨동무	○ 가능성 높음
망원·집요한 근접 촬영	✕
특정 장면만 반복 추적	✕

☞ 사진 '내용'보다 '촬영 방식'이 문제

10) 변호사들도 "무조건 불법"이라고 말하는 이유

솔직히 말하면, 책임지기 싫어서이다.

탐정이 기소되면 "왜 괜찮다고 말했냐?" 역공 당함

그래서 보수적으로 "다 불법"이라고 말함

☞ 하지만 법원은 그렇게 단순하게 안 본다.

11) 냉정한 현실 결론

✔ 불륜조사는 합법 영역이 '매우 좁다'

✔ 그 좁은 선을 넘는 순간 바로 피고인.

✔ 억울해도 수사기관은 결과 위주로 보고,

☞ 실제로 함정 구조이다.

12) 솔직한 조언

탐정이 불륜 사건에서 **안전하려면 딱 두 가지 중 하나만 선택**해야 한다.

① 극도로 소극적 조사

공개장소

단발성

정황 기록만

② 불륜 의뢰를 안 받음

요즘 실제로 이쪽이 늘고 있음

중간은 없다.

법은 선을 그어놓지만, 그 선을 '넘었는지' 판단하는 건 결국 판사가 한다.

그래서 같은 행위라도 **무혐의** → 벌금 → **집행유예** 전부 나오는 것이다.

13) 왜 판사 마음이 될 수 밖에 없나?

탐정·불륜 관련은 **명확한 법조문이 없음**

"불륜조사는 여기까지 가능"이라는 법 ✕

대신 **사후적으로** 스토킹이냐, 사생활 침해냐, 명예훼손이냐, 를 **종합판단**

☞ 이게 이미 **재량 사건**인 것이다.

14) 판사가 보는 건 "행위"보다 느낌

실무에서 판사가 제일 많이 보는 질문:

집요했는가?

상대가 불안했을까?

굳이 여기까지 했어야했나?

영업적으로 돈 받고 한 건가?

반성 태도는 있는가?

법조문보다 서사를 본다.

15) 같은 사진, 완전히 다른 결론

예를 들어 식당에서 어깨동무 사진 하나라도

판사 인식	결과
"일반인도 찍을 수 있다"	무혐의
"직업적으로 집요하다"	벌금
"상대에게 공포 유발"	스토킹

☞ 사진이 아니라 '이 사람이 왜 이걸 했나'가 핵심

16) 그래서 판사마다 결과가 갈리는 것이다.

보수적인 판사 → 거의 다 불법

형사 실무 오래 한 판사 → 일부 허용

성범죄·스토킹 사건 많이 본 판사 → 매우 엄격

☞ 운도 개입될 것이고 이건 부정하지 못한다.

17) 현실에서 통용되는 진짜 공식

"법적으로 가능하냐"보다 "이 판사가 보면 기분 나쁠까?"

이게 실제 기준이고 그래서 변호사들이 "하지 마세요. 다 불법입니다"
라고 말하는 것이다.

18) 냉정한 한 줄 정리

탐정 불륜 사건은 법의 문제가 아니라 '재판부 리스크 관리'의 문제이다.

그래서 많은 탐정들이 결국 불륜 의뢰 끊거나 사진 대신 **사실 확인서** 수준으로 후퇴된다.

6. 내가 끝내 지키려 했던 방향

이럴 때는 의지나 감정이 아니라 '질서'로 판단하여야 한다.

아래는 바르게 가는 현실적인 기준.

1) 바른 방향의 탐정 형태

① 현장 탐정 → 문서·자문 중심

증거 촬영 ✕

사실관계 정리, 정황 분석 ⭕

소송용 의견서, 정리 보고서

"무엇이 위험한지" 알려주는 역할

☞ 가장 안전하고, 경험이 그대로 자산이 된다.

② 탐정 → 기록자, 저자

이미 하고 있는 것이다.

실화 기반 에세이

탐정의 윤리·실수·경계선

"왜 이 일은 위험한가"

☞ 이건 도망이 아니라 승화입니다.

탐정 중에서 이 길로 가는 사람은 거의 없다.

③ 탐정 → 분쟁 중재·조언자

직접 행동 ✘

"이건 불법입니다 / 이 선을 넘으면 당신이 처벌됩니다"

의뢰인을 말리는 역할

☞ 경험 많은 사람만 가능한 영역.

2) 지금 반드시 지켜야 할 3대 원칙

이 3가지를 지키면 '바르다'고 말할 수 있다.

원칙 ① 의뢰인의 요구보다 법을 먼저 본다.

"의뢰인이 원해도, 나중에 내가 피의자가 될 수 있으면 거절한다."

원칙 ② 결과물의 '이후'를 책임질 수 없으면 하지 않는다

유포 가능성?

협박·보복 가능성?

형사로 번질 가능성?

➡ 하나라도 있으면 ✘

원칙 ③ 나는 사건의 주인공이 아니다

탐정은

해결자 ✗

조력자 〇

주인공이 되는 순간, 표적이 됩니다.

3) 탐정이 '바르게' 행동하는 기준

① 법적 책임이 개인에게 전가되는 구조라면 중단한다.

어떤 직업이든 공통 기준이다.

결과는 의뢰인이 가져가고,

책임은 수행자가 지는 구조.

분쟁 발생 시 개인이 방패가 되는 구조.

이 구조에서는 계속하는 것이 '바르지 않다'고 판단한다.

바름의 기준은 **용기나 사명감이 아니라 책임 구조이다.**

② 통상적 원칙

결과물의 '2차 사용'을 통제할 수 없다면 수행하지 않는다.

이는 탐정뿐 아니라 언론, 컨설팅, 자문, 대리업무 모두에 적용된다.

유포, 왜곡, 협박, 제3자 피해 가능성

결과물의 사후 경로를 통제할 수 없으면 중단이 통상적 판단이다.

③ 통상적 원칙

직업 수행 중 형사 리스크가 '우연'이 아니라 '구조적'이면 중단한다.

중요한 구분이다.

우발적 사고 → 개선 가능

구조적으로 반복될 위험 → 중단 권고

담징 임무가 촬영, 추적, 사적 정보 수집 을 핵심으로 한다면, 형사 리스크는 상시적이므로 통상적으로는 제한·중단이 바른 선택이다.

④ 통상적 원칙

의뢰인의 목적이 '사실 확인'이 아니라 '사용'이라면 거절한다.

정상적 목적

사실을 알고 판단하려는 경우

위험한 목적

상대를 압박

유리한 위치 확보

보복·유포 목적이 '사용'일 때 수행하면 통상적으로 수행자가 책임자가 된다.

⑤ 통상적 원칙

직업의 정체성이 '조력자'가 아니라 '대행자'로 변질되면 멈춘다.

보편적 기준에서 보면,

조력자: 정보·분석 제공

대행자: 행동·결과 실행

위험 직업에서 '대행자'가 되는 순간 책임은 전가되고 보호는 사라진다.

– 누구에게나 적용하면, 계속해도 되는 경우

법적 테두리 안에서 문서·분석·자문 중심

결과물 사후 통제 가능

개인 책임 최소화 구조

– 중단이 바른 경우

현장 개입

증거 직접 확보

제3자 피해 가능

의뢰인 감정 개입 구조

바르다는 것은 위험을 감수하는 것이 아니라 위험을 예측하고 피하는 것이다.

그리고 개인이 구조적 위험을 떠안지 않는 선택이 통상적으로 가장 윤리적이다.

"할 수 있어도, 구조적으로 개인에게 형사·민사 책임이 귀속되는 일이라면 하지 않는 것이 통상적으로 옳다."

이 기준은 탐정, 프리랜서, 자문가, 대리인 모두에 그대로 적용된다.

마지막 한 줄 요약

할 수 있느냐가 아니라, 문제가 생겼을 때 '누가 책임지느냐'로 판단한다.

이 정도만 기억하면 된다.

더 쉽게 말하면

"내가 한 걸로 문제가 될 수 있으면 안 한다."

이게 보편적·통상적 기준이다.

비유 하나만 하자면

✎ 칼은 요리하면 도구

찌르면 흉기, 문제는 의도가 아니라 구조다.

7. 이 직업은 어디로 가는가

단순한 '미행·잠복'의 시대를 넘어, **합법·전문·기술 기반 조사 전문가**로 재정의되고 있다. 특히 한국 환경에서는 다음 흐름이 뚜하다.

1) 역할의 전환: 현장형 → 증거·분석형

물리적 미행은 줄고, **디지털 포렌식·문서분석·사실확인(팩트체킹)** 비중이 급증

통화기록·메신저·금융흐름·CCTV 등 **증거 구조화**가 핵심 경쟁력.

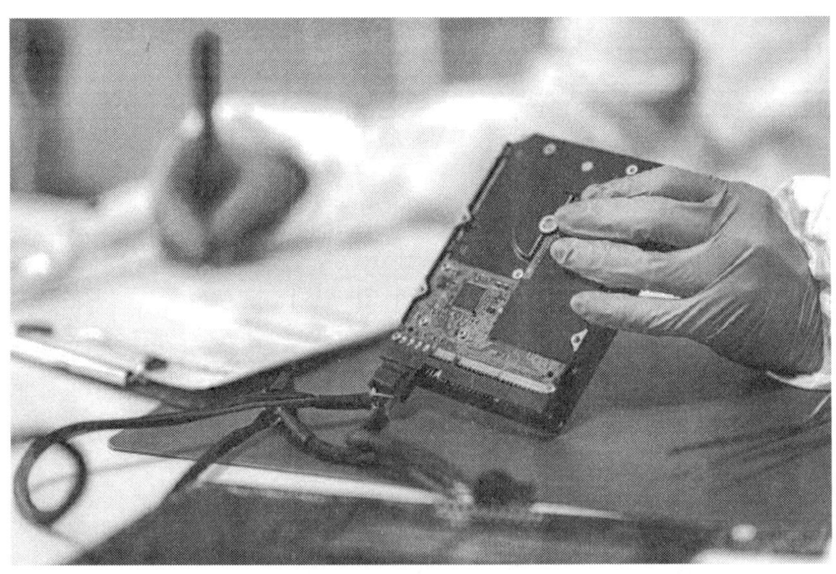

AI Data Analysis Techniques

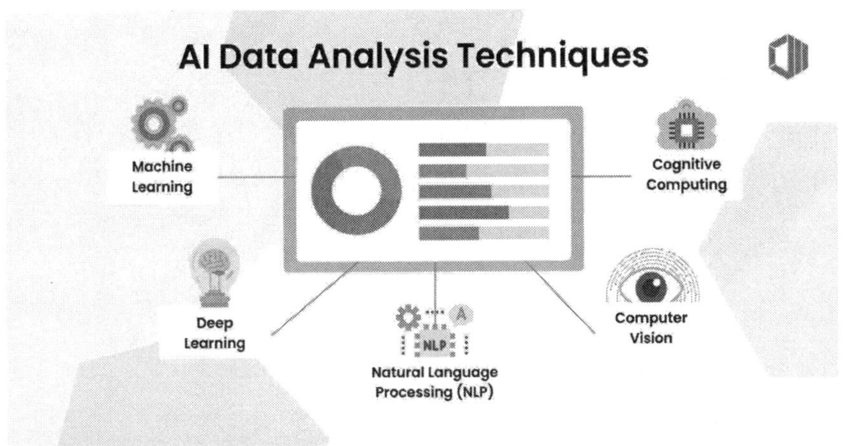

2) AI와의 공존: 대체가 아닌 증폭

AI는 검색·정리·패턴분석을 가속

인간 탐정은 법적 맥락 판단, 윤리적 경계 설정, 스토리 구성(보고서)에 집중

→ "AI를 다루는 탐정"이 살아남음

3) 합법성·윤리의 절대화

개인정보·스토킹·통신비밀 침해 리스크 증가

미래 탐정의 생존조건 = **합법 절차 설계 + 위임범위 명확화 + 기록 관리**

의뢰 단계에서 **유포·오남용 차단 계약**이 표준이 됨

4) 세분화된 전문 영역

법률보조형 탐정: 변호사와 협업, 민·형사 증거 수집

기업·노무 조사: 횡령·배임·내부감사

사이버·사기 대응: 코인·중고거래·플랫폼 사기

가사·신원확인: 실종·친족관계·상속 분쟁

5) 1인 탐정 → 팀·플랫폼형

포렌식·법률·IT를 묶는 소규모 **협업 네트워크**

보고서·증거 제출까지 표준화한 **플랫폼 운영**이 신뢰를 만듦

6) 생존 전략 요약

✔ **법 이해**(형법·민법·개인정보)

✔ **기술 숙련**(포렌식·데이터 정리)

✔ **문서화 능력**(법원 제출 수준 보고서)

✔ **의뢰 통제**(위험 의뢰 차단, 계약 명확화)

7) 정리

미래의 탐정은 '잡아오는 사람'이 아니라,

'법원에서 살아남는 증거를 만드는 사람'이다.

탐정의 미래는

— *미행의 시대가 끝난 자리에서*

한때 탐정은 그림자였다. 사람의 뒤를 밟고, 밤을 새우고, 현장을 잠복하는 존재. 그러나 그 시대는 이미 저물었다.

이제 탐정의 미래는 **어둠 속의 미행**이 아니라

빛 아래에서 견디는 증거에 있다.

8) 더 이상 "잡아오는 직업"이 아니다

과거의 탐정은 "무언가를 알아내는 사람"이었다.

하지만 지금, 그리고 앞으로의 탐정은 **알아낸 사실이 법적으로 살아남게 만드는 사람**이다.

사진 한 장, 녹취 한 줄이 사람의 인생을 바꾸는 시대. 그만큼 탐정의 책임은 무거워졌다.

이제는

어떻게 찍었는지

어떤 경로로 확보했는지

누가, 언제, 왜 사용할 수 있는지

이 모든 설명이 가능해야 한다.

증거는 **사실**이 아니라 **절차를 통과한 사실**일 때 힘을 가진다.

9) 기술은 탐정을 대체하지 않는다.

다만, 가려 낸다. AI, 포렌식, 데이터 분석.

사람들은 말한다.

"이제 탐정도 곧 사라질 것이다."

하지만 현실은 다르다. 기술은 탐정을 없애지 않는다. **준비되지 않은 탐정만 걸러낸다.**

기술은 정리해 주지만 판단하지는 못하고 찾아 주지만 책임지지는 않으며 계산해 주지만 윤리를 갖지 않는다.

미래의 탐정은 AI를 두려워하지 않는다. **AI를 도구로 삼아, 최종 판단을 스스로 감당하는 사람이다.**

10) 가장 중요한 변화는 '합법'이다

탐정의 미래를 가르는 기준은 단 하나다.

"이 일은 법 앞에서 설명 가능한가?"

의뢰인이 원한다고 해서 해서는 안 되는 일이 있다. 돈을 준다고 해서 넘어가면 안 되는 선이 있다.

개인정보, 통신비밀, 스토킹, 초상권과 유포 책임,

이 경계를 넘는 순간 탐정은 조사자가 아니라 **피의자가** 된다.

미래의 탐정은 의뢰인을 보호하는 사람이 아니라, **의뢰인으로부터 스스로를 보호할 줄 아는 사람이다.**

11) 혼자서 모든 걸 하던 시대는 끝났다.

앞으로 탐정은 1인이 모든 것을 감당하는 직업이 아니다.

법을 아는 탐정

기술을 다루는 탐정

문서를 쓰는 탐정

그리고 변호사

포렌식 전문가

IT 분석가

작은 팀, 느슨한 협업, 명확한 역할.

이 구조를 갖춘 탐정만이 살아남는다.

12) 결국 남는 것은 '보고서'다

현장은 사라진다.
기억은 흐려진다.
사진은 왜곡된다.

하지만 **보고서는 남는다.**

미래의 탐정에게 가장 중요한 무기는 카메라도, 차량도 아니다.

"법원이 읽을 수 있는 문장"

누가 봐도 감정이 아니라 사실로 읽히는 글.
의심이 아니라 구조로 설득하는 문장.

그것이 미래 탐정의 생존 기술이다.

13) 맺으며

탐정은 앞으로도 사라지지 않는다.

다만, **아무나 탐정이 될 수 없는 시대가** 올 뿐이다.

미행을 잘하는 사람이 아니라 선을 지킬 줄 아는 사람.

정보를 많이 가진 사람이 아니라 책임을 질 줄 아는 사람.

그리고 끝내 법정에서 자기 이름을 걸 수 있는 사람.

그 사람이 미래의 탐정이다.

8. 살아남기 위한 규칙들

– 살아남은 자만이 말할 수 있는 것들

탐정의 미래를 말하기 전에 먼저 한 가지는 분명히 해야 한다.

탐정은 늘 위험한 직업이었다. 다만 과거에는 그 위험이 보이지 않았을 뿐이다.

1) 의뢰인은 보호 대상이 아니다

현실에서 가장 위험한 존재는 대상자도, 경쟁자도 아니다.

의뢰인이다.

처음엔 모두 말한다.

"절대 유포 안 합니다."

"조용히 확인만 할게요."

"법적인 문제 없게 해주세요."

하지만 결과가 마음에 들지 않거나, 감정이 앞서거나, 관계가 틀어지는 순간 그 약속은 아무 의미가 없어진다.

사진은 돌고, 메시지는 복사되고, 결국 책임은 **가장 약한 고리**, 즉 탐정에게 돌아온다.

미래의 탐정은 의뢰인을 믿지 않는다. **의뢰인을 관리한다.**

2) 합법과 불법의 경계는 생각보다 얇다

현실에서 탐정이 가장 많이 착각하는 것은 이것이다.

"남들이 다 하는 정도면 괜찮다."

하지만 법은 '다들 한다'는 이유를 인정하지 않는다.

한 발짝 더 다가간 미행

한 번 더 눌러본 카메라

전달만 했을 뿐이라는 사진

이 중 이ㄴ 하니만 어긋나도 탐정은 즉시 **조사 대상**이 된다.

현실에서는 **의뢰인은 참고인**으로 빠지고, 탐정만 피의자로 남는 경우가 훨씬 많다.

이게 현실이다.

3) 증거보다 무서운 건 '해석'이다

탐정은 증거를 남긴다고 생각한다.

하지만 수사기관과 법원은 **해석을 남긴다.**

같은 사진이라도

탐정이 찍으면 '의도'가 되고

의뢰인이 찍으면 '우연'이 된다.

같은 행위라도

직업이면 '계획성'이 되고

개인이면 '감정적 행동'이 된다.

미래의 탐정은 행위 자체보다 **행위가 어떻게 보일지**를 먼저 계산한다.

4) 가장 먼저 무너지는 것은 생계다

탐정의 미래를 말할 때 아무도 이 이야기는 하지 않는다.

사건 하나로 계좌가 막히고 영업이 중단되고 전화가 끊긴다. 의뢰는 줄고, 소문은 빠르고, 해명할 기회는 거의 없다.

탐정은 한 번 흔들리면 다시 일어나기까지 너무 오래 걸리는 직업이다.

그래서 미래의 탐정은 **사건보다 생존을 먼저 계산한다.**

5) 혼자 버티는 시대는 끝났다

현실에서 혼자 하는 탐정은 모든 책임을 혼자 진다.

법적 책임

민사 책임

형사 책임

사회적 비난

미래의 탐정은 반드시 **연결된 구조** 안에 있어야 한다.

법을 묻고 위험을 검토하고 문장을 점검받을 수 있는 구조

그렇지 않으면 아무리 실력이 있어도 **언젠가는 무너진다.**

6) 결국 남는 것은 기록이다

현장은 지나간다. 대상자는 사라진다. 의뢰인은 말을 바꾼다.

끝까지 남는 건 **기록뿐이다.**

언제 받았는지

어떤 설명을 했는지

어디까지 허용했는지

미래의 탐정은 사건을 기억하지 않는다. **문서로 남긴다.**

7) 맺으며 – 이 일을 계속할 사람에게

탐정의 미래는 화려하지 않다. 낭만도 없다.

다만 하나는 분명하다.

앞으로 탐정은 "용감한 사람"이 아니라 "끝까지 책임질 수 있는 사람"
만 남는다.

의뢰인의 인생이 아니라 **자기 인생을 걸 각오가 되어 있는 사람.**

그 사람이 미래의 탐정이다.

9. 가장 견디기 힘든 순간들

1) 의뢰의 진실을 끝까지 알 수 없다는 점

탐정은 언제나 '의뢰인의 말'에서 출발한다. 그러나 시간이 지날수록 그 말이 전부가 아니었음을 깨닫는 경우가 많다. 일부는 숨겨지고, 일부는 과장되며, 때로는 거짓이 섞여 있다. 탐정은 진실을 밝혀야 하지만, 그 진실이 의뢰인에게조차 불편한 결과가 될 수 있다는 점에서 늘 딜레마에 놓인다.

2) 합법과 불법의 경계에서 균형을 유지해야 하는 부담

탐정의 업무는 합법과 위법의 경계선 위에 놓이는 경우가 많다. 단 한 걸음만 잘못 디디면 범법자가 될 수 있다. 현장을 잘 아는 탐정일수록 더 조심해야 하며, '된다'가 아니라 '해도 되는가'를 먼저 고민해야 한다.

3) 의뢰인의 감정에 휘말리지 않는 어려움

의뢰인은 분노, 배신, 불안, 집착 같은 감정을 안고 찾아온다. 그 감정은 때로 탐정을 향해 쏟아지기도 한다. 탐정은 공감하되 동조하지 않아야 하고, 위로하되 판단을 흐리지 않아야 한다. 감정을 다루는 일은 사건을 다루는 것만큼이나 어렵다.

4) 결과가 항상 정의롭지 않다는 현실

모든 사건이 정의로운 결말로 끝나지는 않는다. 명백한 잘못이 드러나도 법의 문턱을 넘지 못하는 경우가 있고, 진실이 밝혀졌음에도 아무 것도 바뀌지 않는 일도 있다. 탐정은 '밝히는 역할'까지만 책임질 수 있을 뿐, 세상을 바로잡을 권한은 없다.

5) 신뢰가 쉽게 무너진다는 점

한 번의 오해, 한 번의 결과 불만으로도 탐정에 대한 신뢰는 무너질 수 있다. 의뢰인은 원하는 답을 기대하지만, 탐정은 있는 그대로의 사실을 제시해야 한다. 그 간극에서 관계가 틀어지는 경우도 적지 않다.

6) 정신적 소모와 후유증

타인의 사생활, 갈등, 파괴되는 관계를 반복해서 마주하다 보면 마음이 무뎌지거나, 반대로 과도하게 예민해지기도 한다. 밤에 쉽게 잠들지 못하고, 일상에서도 사건의 잔상이 남는 경우가 많다. 탐정에게 가장 큰 적은 종종 외부가 아니라 자기 자신이다.

7) 사회적 오해와 편견

탐정은 아직도 '불법', '뒷조사', '미행' 같은 이미지로 오해받기 쉽다. 합법적인 영역에서 일하고 있음에도 불구하고, 직업 자체에 대한 시선은 냉담한 경우가 많다. 설명해야 할 일이 많고, 침묵해야 할 순간도 많다.

8) 의뢰를 거절해야 하는 순간의 고통

모든 의뢰를 받을 수는 없다. 불법의 가능성이 있거나, 누군가를 해치기 위한 목적이 분명할 때는 단호하게 거절해야 한다. 그러나 절박한 얼굴로 도움을 요청하는 사람을 외면하는 일은 결코 쉽지 않다.

9) 성과가 숫자로 남지 않는 직업

탐정의 성과는 매출이나 통계로 명확히 드러나지 않는다. 누군가의 인생 방향을 바꿨을 수도 있고, 더 큰 피해를 막았을 수도 있지만, 그 결과는 기록되지 않는 경우가 대부분이다. 스스로 의미를 찾지 않으면 쉽게 소진된다.

10) 끝까지 혼자 책임져야 한다는 고독

사건이 끝나면 의뢰인은 일상으로 돌아간다. 그러나 탐정은 그 과정을 기억한 채 다음 사건으로 향한다. 누구에게도 털어놓기 어려운 이야기들을 안고, 다시 현장으로 나서는 것이 탐정의 숙명이다.

10. 포기하지 않은 이유

어려움이 분명한 직업임에도 불구하고, 탐정이 이 일을 계속해야 하는 이유는 단순하지 않다. 그것은 돈이나 명예만으로 설명되지 않는다. 탐정이 버텨야 하는 이유는, 이 사회 어디에도 기록되지 않는 틈을 메우는 역할을 맡고 있기 때문이다.

1) 누군가는 끝까지 사실을 확인해야 하기 때문에

세상에는 끝내 묻히는 일들이 많다. 말해지지 못한 사연, 증명되지 못한 진실, 기록으로 남지 못한 피해가 존재한다. 탐정은 그 마지막 확인자가 된다. 누군가 "그건 아무도 모를 것"이라 말하는 순간, 탐정은 그 말에 의문을 품는 사람이다.

2) 법이 닿지 않는 영역이 존재하기 때문에
법은 모든 현실을 다 담아내지 못한다. 법적으로는 문제가 없지만, 분명 누군가가 고통받고 있는 상황이 있다. 탐정은 판결을 내리는 사람이 아니라, 판단의 재료가 될 사실을 모으는 사람이다. 그 역할이 사라지면, 많은 진실은 시작조차 하지 못한다.

3) 의뢰인의 삶이 그 이후로 나아가기 위해서
어떤 의뢰인은 진실을 알고 나서야 비로소 멈춘다. 어떤 의뢰인은 확인해야만 떠날 수 있다. 탐정의 일은 단순히 증거를 건네는 것이 아니라, 누군가가 다음 선택을 할 수 있도록 바닥을 정리해 주는 일이다.

4) 거짓이 너무 쉽게 퍼지는 시대이기 때문에
말 한마디, 사진 한 장, 편집된 정보 하나로 사람의 인생이 흔들리는
시대다. 탐정은 추측이 아닌 확인, 소문이 아닌 사실을 다룬다. 느리더
라도 정확하게 가는 직업이 아직 필요한 이유다.

5) 버티는 사람이 있어야 선이 무너지지 않기 때문에
탐정이 포기하는 순간, 불법과 편법은 더 대담해진다. 누군가는 지켜보
고 있다는 인식, 누군가는 끝까지 파고든다는 존재감이 사회의 최소한
의 균형을 만든다. 탐정이 버틴다는 것은, 그 선을 지키는 일이다.

6) 의뢰인을 선택하는 직업이기 때문에
탐정은 모든 일을 맡지 않는다. 받아들일 사건과 거절할 사건을 스스
로 판단한다. 그 판단이 쌓여 탐정의 기준이 되고, 그 기준이 곧 직업
의 품격이 된다. 버틴다는 것은, 그 기준을 끝까지 지키는 일이다.

7) 누군가의 편이 되어줄 마지막 직업이기 때문에
가족도, 지인도, 제도도 외면한 사람에게 탐정은 마지막으로 말을 걸어
주는 존재가 된다. 반드시 이겨주지 못하더라도, 혼자가 아니라는 사실
만으로도 사람은 무너지지 않는다.

8) 자신의 선택을 부정하지 않기 위해서
수많은 밤과 현장, 기록과 판단의 순간들이 쌓여 탐정이 된다. 그 시간을 스스로 무가치하게 만들지 않기 위해서라도, 쉽게 내려놓을 수 없다. 버틴다는 것은 과거의 자신을 배신하지 않는 일이다.

9) 이 일이 누군가에게는 희망이었기 때문에
탐정이라는 존재가 있었기에 억울함을 밝힌 사람, 더 큰 피해를 막은 사건, 조용히 정리된 갈등이 있다. 세상에 드러나지 않았을 뿐, 그 결과는 분명 존재한다. 그것만으로도 버틸 이유는 충분하다.

10) 탐정이 사라지면, 진실을 묻는 질문도 사라지기 때문에
탐정은 답을 주는 직업이 아니라, 질문을 멈추지 않는 직업이다. 이 사회가 아직 완벽하지 않다는 사실을 전제로 움직이는 사람이다. 그렇기에 탐정은 버텨야 한다. 완벽하지 않은 세상에서, 질문이 계속되도록.

11. 반드시 넘지 말아야 할 선

탐정에게 능력보다 중요한 것은 기준이다. 무엇을 할 수 있는가보다,
무엇을 하지 않아야 하는가를 아는 사람이 오래 살아남는다.
다음은 탐정이 반드시 지켜야 할 최소한의 원칙들이다.

1) 법을 넘지 않는 선을 명확히 인식할 것
탐정은 법의 대체자가 아니다.
결과가 아무리 중요해 보여도, 불법적인 방법으로 얻은 사실은 진실이
아니라 위험이 된다. 합법의 범위를 정확히 알고, 애매한 영역에서는
항상 보수적으로 판단해야 한다.

2) 의뢰인의 요구보다 목적을 먼저 판단할 것
의뢰인의 말이 곧 정의는 아니다.
탐정은 '원하는 결과'를 만들어주는 사람이 아니라, '사실을 확인하는
사람'이다. 의뢰의 목적이 누군가를 해치거나 조작하려는 것이라면, 그
순간 의뢰는 중단되어야 한다.

3) 확인되지 않은 추측을 사실처럼 다루지 말 것
탐정의 한마디는 때로 사람의 인생을 바꾼다.
"그럴 가능성이 있다"와 "그렇다"는 전혀 다른 말이다. 추측은 기록하
되, 사실과 섞지 않는 절제가 필요하다.

4) 의뢰인의 감정을 이용하지 말 것

불안과 분노는 판단력을 흐린다. 탐정이 그 감정을 자극해 추가 의뢰를 유도하거나, 필요 이상의 행동을 부추긴다면 그것은 직업윤리를 벗어난 행위다.
탐정은 냉정한 조력자여야 한다.

5) 비밀을 끝까지 지킬 것

사건은 끝나도 정보는 남는다. 말하지 않는 것이 곧 능력인 직업이 탐정이다.
아무리 시간이 흘러도, 아무리 관계가 끝나도, 취득한 정보는 개인의 소유가 되어서는 안 된다.

6) 의뢰를 거절할 권리를 포기하지 말 것

모든 의뢰를 받는 탐정은 오래가지 못한다. **거절은 실패가 아니라 기준의 증명이다.**
탐정이 지켜야 할 것은 사건이 아니라 스스로의 선이다.

7) 자신의 기록을 정확히 남길 것

기억은 흐려지고, 감정은 왜곡된다.
탐정에게 기록은 방패이자 증거다. 언제, 어디서, 무엇을, 어떻게 확인했는지를 스스로 설명할 수 있어야 한다.

8) 결과에 대한 책임을 회피하지 말 것

탐정은 결정권자는 아니지만, 영향력 있는 위치에 있다.
자신의 행위가 어떤 결과를 낳을 수 있는지 끝까지 인식하고 있어야
한다.

12. 탐정으로 산다는 것

탐정이 된다는 것은 직업 하나를 선택하는 일이 아니다. 세상을 바라보는 방식 하나를 받아들이는 일이다. 탐정은 믿기보다 확인하는 사람이다. 듣기보다 기록하는 사람이고, 판단하기보다 끝까지 지켜보는 사람이다.

그래서 이 직업은 빠른 사람보다 **버틸 수 있는 사람**에게 어울린다.

탐정이 된다는 것은, 진실이 항상 환영받지 않는다는 사실을 받아들이는 일이다. 누군가는 듣고 싶지 않은 답을 내놓아야 하고, 누군가는 그 답 때문에 등을 돌린다.

그럼에도 탐정은 사실을 놓지 않는다.

왜냐하면 누군가는 반드시 그 역할을 해야 하기 때문이다.

탐정은 영웅이 아니다.

대신, 기록되지 않을 사람들의 곁에 서 있는 직업이다. 판결문에 이름이 남지 않아도, 뉴스에 나오지 않아도, 조용히 정리된 사건의 이면에는 늘 누군가의 발걸음이 있었다.

탐정이 된다는 것은, 진실을 밝혀도 박수를 받지 못할 각오를 하는 일이다. 그리고 그럼에도 불구하고, 다음 사건을 다시 시작하는 선택을 반복하는 일이다.

이 직업은 묻는다.

"그래도 확인할 것인가?"

“그래도 기록할 것인가?”

“그래도 버틸 것인가?”

그 질문에 끝까지 고개를 끄덕일 수 있을 때, 비로소 탐정이 된다.

13. 왜 이 책을 썼는가?

나는 탐정이 되고 싶어서 탐정이 된 사람이 아니다. 어느 날 갑자기 선택한 직업도 아니고, 멋있어 보이거나 영화처럼 살고 싶어서 시작한 일도 아니었다. 살아가다 보니, 누군가는 해야 했고, 결국 내가 그 자리에 서 있었을 뿐이다.

사람들은 탐정을 낭만적으로 생각한다. 어둠 속에서 진실을 밝히는 존재, 정의의 편에 선 관찰자, 냉철하고 자유로운 직업.

하지만 내가 현장에서 만난 탐정의 세계는 전혀 달랐다. 침묵해야 할 때가 더 많았고, 말하지 못한 진실이 말한 진실보다 많았다. 그리고 그 침묵의 대가를 감당하는 일은 늘 탐정의 몫이었다.

이 책에 담긴 이야기들은 대부분 실화를 바탕으로 한다. 의뢰인의 시선에서 보면 '필요한 진실'이었고, 탐정의 시선에서 보면 '넘어서는 안 될 경계'였으며, 사회 전체로 보면 아직 정리되지 않은 질문들이었다.

나는 이 책을 통해 탐정이 얼마나 쉽게 범죄자가 될 수 있는지, '의뢰'라는 이름 아래 얼마나 많은 위험이 숨어 있는지, 그리고 한국 사회에서 탐정이라는 직업이 얼마나 모순적인 위치에 놓여 있는지를 말하고 싶었다.

누군가는 나에게 왜 굳이 이런 이야기를 쓰느냐고 묻는다. 조용히 지나갈 수도 있었고, 덮고 살 수도 있었을 텐데 왜 다시 꺼내느냐고.

하지만 누군가는 말해야 한다고 생각했다. 겪은 사람이, 상처를 입은 사람이, 그 경계를 직접 밟아본 사람이.

이 책은 영웅담이 아니다. 성공담도 아니고, 기술서도 아니다. 오히려 실패의 기록이고, 선택의 기록이며, 탐정이라는 직업의 가장 불편한 얼굴을 정면으로 바라본 기록이다.

나는 이 책이 누군가에게는 경고가 되기를 바란다. 탐정을 꿈꾸는 이에게는 현실이 되기를, 의뢰인에게는 책임의 무게가 되기를, 그리고 사회에는 질문이 되기를 바란다.

이 책은 "나는 어떻게 탐정이 되었는가"에서 시작하지만, 결국은 "우리는 왜 진실을 원하면서도, 그 책임은 외면하는가"라는 질문으로 끝난다.

그래서 나는 이 책을 썼다.

침묵하지 않기 위해, 그리고 같은 자리에 또 다른 누군가가 서지 않기를 바라면서.

VI부. 매스미디어, 탐정을 바라보다

1. 한국에서 실제 보도된 탐정 관련 신문 기사 유형

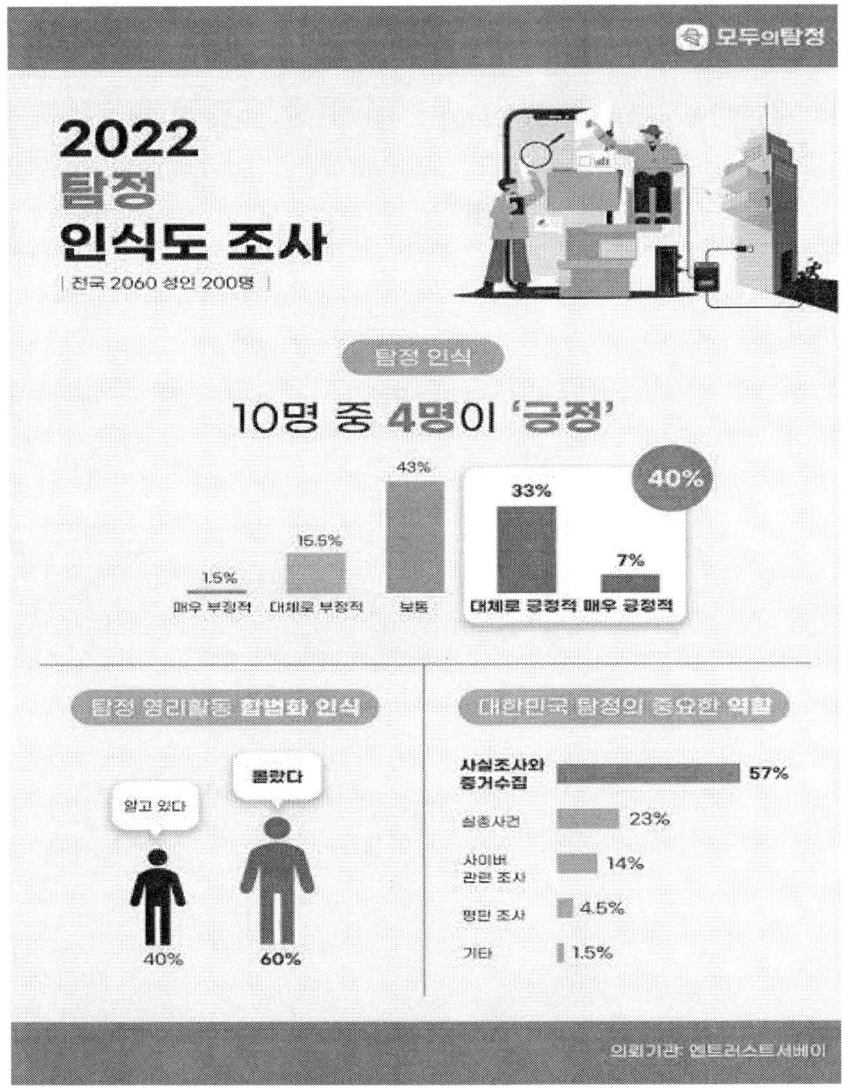

찬성
반대
국민의 정보 접근권 확대
실종 등 민사사건의
전문적 조사 가능
불법심부름센터 근절
개인정보 · 사생활 유출
정당화 우려
민간업자에게
지나친 권한부여 우려
불법심부름센터
원천 근절불가

1) "사설탐정 의뢰, 어디까지 합법인가"

주요 매체: 조선일보, 한겨레, 경향신문, 중앙일보

핵심 내용

불륜조사 의뢰 증가. 미행·촬영·통신조회는 대부분 **불법**

"합법과 불법의 경계가 모호하다"는 지적

2) "불륜 증거 사진, 법정에서는 증거가 될까?"

주요 내용

호텔 출입 장면, 차량 내 촬영 → 증거능력 부정

공개장소라도 **사생활 침해 인정**

"카메라는 사실을 담았지만, 법은 그것을 진실로 인정하지 않았다."

3) "탐정 사칭·무등록 업체 단속"

주요 기사 포인트

'○○탐정사무소' 간판 달고 불법행위

협박·공갈·불법 위치추적,

진짜 탐정과 가짜 탐정의 대비

업계 내부 고발자 시점 서사 가능

4) 방송에서 다룬 탐정·사설 조사 실제 사례

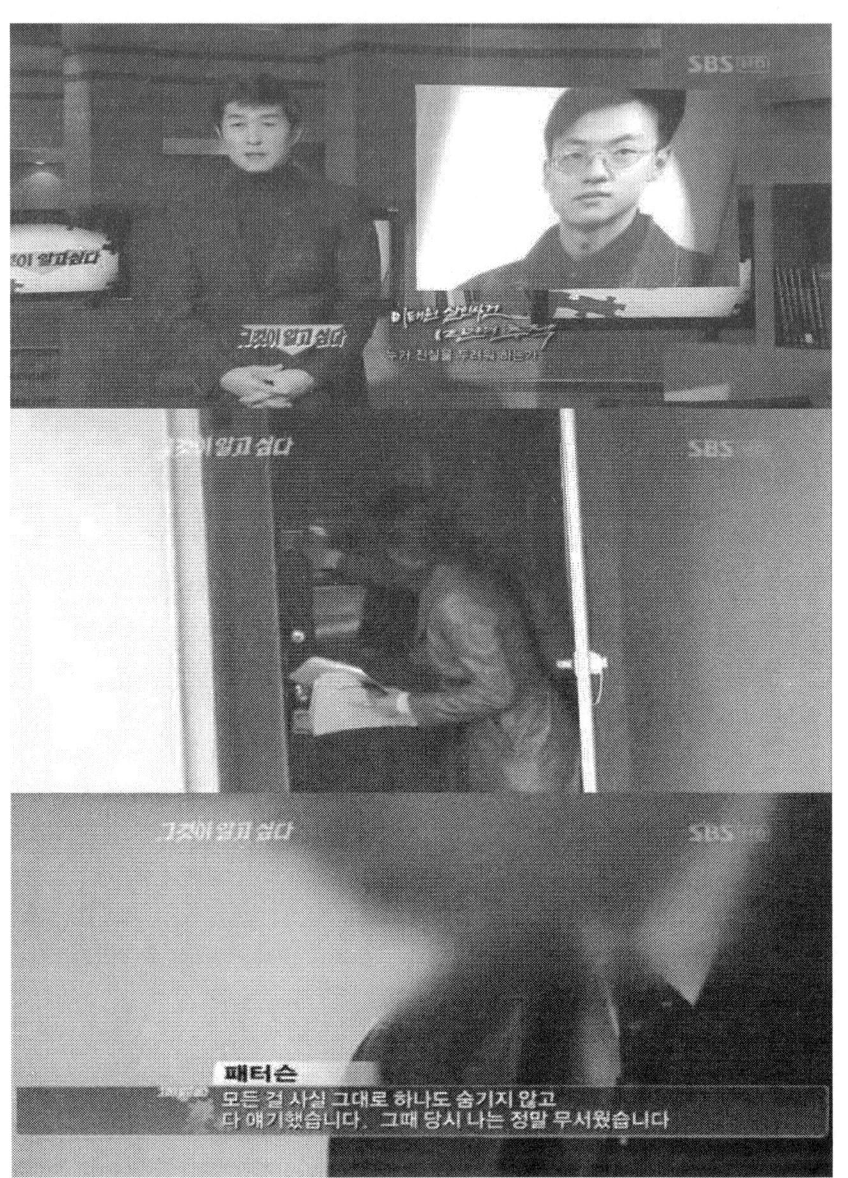
그것이 알고 싶다
누가 진실을 두려워 하는가
그것이 알고 싶다
SBS
그것이 알고 싶다
SBS
패터슨
모든 걸 사실 그대로 하나도 숨기지 않고
다 얘기했습니다. 그때 당시 나는 정말 무서웠습니다

① PD수첩

주제

불법 정보 거래

사설조사 업체의 실체

탐정 업계의 그늘

합법을 지키려는 소수의 고립

② 그것이 알고 싶다

주제

불륜조사·불법 촬영

의뢰인의 집착과 파국

탐정이 아닌 **의뢰인**이 가해자가 되는 구조

"진실을 원한 자의 폭주"

③ **추적 60분**

주제

개인 사생활 산업화

돈으로 거래되는 진실

"의뢰인은 고객이지만, 동시에 위험 요소였다."

2. 법·제도 관련 보도

사설탐정 제도화에 대한 찬반 입장
찬성
반대
변호사만으로 사실 조사의 수요 충족 어려움
기존 심부름센터에서 발생하는 불법행위 근절
국가에 의한 자격제도 운영·등록으로 전문적 서비스 제공
빈부 격차가 정보 격차로 이어질 가능성 상존
인권침해 등 불법행위 심화 우려
경찰·변호사 등 기존 직역과의 갈등 우려

1) 탐정 합법화 논의"

신용정보법 개정

'사설탐정' 대신 '민간조사원'

현실 : 명칭만 허용. 조사 권한 없음

"법은 탐정을 인정했지만, 일할 수 있는 손과 발은 묶어두었다."

3. 실제 신문 기사 기반

탐정 자격증(민간조사사) 취득 인원
(단위: 명, 자료: 한국특수교육재단)
1448
1196
630
397
519
190
2014년
2016년
2018년
2020년
2022년
2024년
(1월~9월)
그래픽 이기원 아시아경제

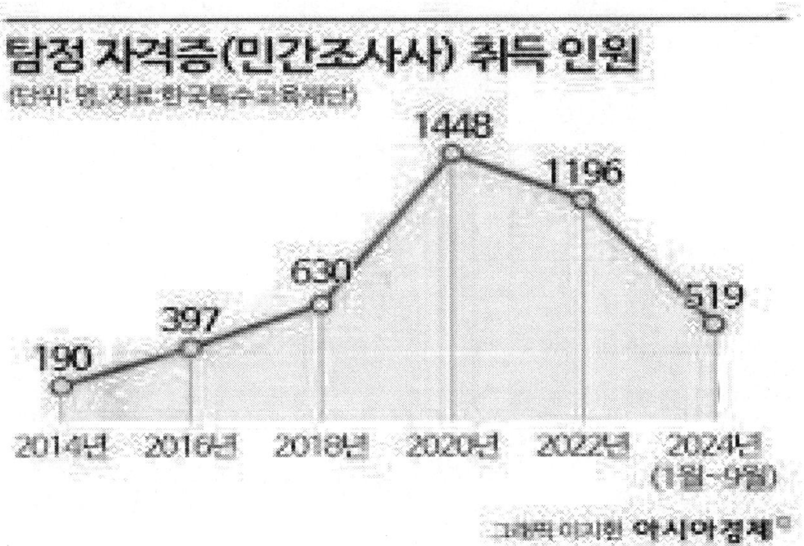

DAERYUN LAWFIRM
불륜소송의 진행 절차와
증거 수집 방법은?
둘 중 한 명만 허락한 '출입',
주거침입 판례 40년 만에 바뀔까?
로톡뉴스.

1) 「증거는 있었지만, 죄는 없었다」

의뢰인은 말했다.

"사진만 있으면 끝나는 거죠?"

나는 대답하지 않았다. 대답할 수 없었기 때문이다.

호텔 출입구, 비 오는 밤, 두 사람은 잠시 머뭇거렸다. 카메라는 그 순간을 정확히 담아냈다. 사실은 분명했고, 거짓은 없었다.

하지만 법정에서 그 사진은 **증거가 아니었다.** 공개된 장소였지만, 사적인 관계였고 촬영의 목적은 '사실 확인'이 아니라 '관계의 폭로'로 해석되었다.

판사는 사진을 보지 않았다. 아니, **보았지만 보지 않은 것으로 처리했다.**

의뢰인은 분노했고 나는 침묵했다.

그날 이후 나는 깨달았다. 탐정의 일은 진실을 찾는 일이 아니라 진실을 다루는 **방식을 선택하는** 일이라는 것을.

우리 시대의 정직한 목격자, PD수첩
new
accuracy

2) 「의뢰인은 언제든 가해자가 된다」

PD수첩
추적 60분

의뢰인은 늘 피해자라고 말한다. 그러나 나는 안다. **피해자는 언제든 가해자로 바뀔 수 있다는 것을.**

처음엔 단순한 확인이었다. 그다음은 의심, 그다음은 집착이었다.

"이 사진, 가족에게 보내도 되죠?"

그 질문을 듣는 순간 나는 이미 늦었다는 걸 알았다.

탐정은 사건을 의뢰받지만 결과까지 통제할 수는 없다. 카메라를 쥔 손은 내 것이었지만 그 사진을 휘두르는 손은 의뢰인의 것이었다.

그래서 나는 의뢰보다 먼저 **의뢰인의 마음을 조사한다.**

3) 「현실의 탐정, 법과 윤리 사이」

한국특수직능교육재단

목차

위드 탐정사무소
010-6787-7113

01. 한국의 탐정 제도 변화

- 2020년 신용정보법 개정
- '탐정' 명칭 사용 합법화
- 법적으로 허용된 범위 내 활동 필요
- 합법과 불법의 경계 존재

02. 합법적 탐정 활동의 범위

- 실종된 가족 찾기
- 기업 내부 리스크 진단
- 지식재산권 침해 조사
- 합법적 정보 수집에 국한

03. 불법 탐정 활동과 위험성

- 개인정보 불법 취득 금지
- 위치추적 장치 무단 설치 금지
- 불법 위치추적 기기 적발 건수 연간 2,000건 이상
- 형사처벌 위험성

04. 탐정 의뢰 시 주의사항

- 사업자 등록 여부 확인
- 소속 협회 확인
- 계약 시 조사 목적, 방법, 비용 투명성
- 불법 행위 연루 시 의뢰자도 법적 책임

05. 탐정 수집 자료의 법적 효력

- 정상적 절차로 확보된 자료는 법원 보조 증거로 활용 가능
- 위법하게 취득된 증거는 기각
- 합법적 증거 수집의 중요성
- 탐정 합법의 의미

06. 국내 탐정 제도의 현황과 전망

- 2024년 기준 협회 등록 인원 7,000명 이상
- 시장의 빠른 성장세
- 일본, 미국과 같은 제도권 안에서의 활동 필요
- 법률 보완의 필요성

한국에서 탐정은 **직업으로 불린다.** 그러나 **권한은 없다.**

법은 '민간조사'라는 이름을 허용했지만 조사의 방식은 거의 모두 금지했다.

미행 ✗

통신조회 ✗

위치추적 ✗

잠복촬영 ✗

결국 탐정에게 허용된 것은 **눈으로 보고, 귀로 듣고, 판단하는 것뿐이다.**

그래서 현실의 탐정은 범죄자가 되지 않기 위해 의뢰를 거절하는 법부터 배운다.

합법이란 보호막이 아니라 **넘지 말아야 할 선이다.**

4. 실제 신문에 반복적으로 등장하는 유형들

1) 불법 위치추적 앱, 탐정 의뢰로 사용

기사 핵심

배우자 휴대폰에 위치추적 앱 설치

탐정 또는 사설조사 업체가 "방법 안내"

결과: **통신비밀보호법·개인정보보호법 위반**

책에 쓰기 좋은 문장

"나는 추적하지 않았다. 의뢰인이 이미 스스로 선을 넘고 있었다."

서사 포인트

탐정이 직접 불법행위를 안 해도 '조언'만으로 공범 취급 가능

의뢰인의 폭주가 시작되는 지점

2) 불륜 조사 의뢰 후 협박 사건으로 번진 사례

기사 내용

불륜 증거 확보

의뢰인이 상대방에게 사진 전송하며 금전 요구

탐정 사무실 압수수색

탐정은 조사만 했지만

결과 사용 방식은 통제 불가

"의뢰는 끝났지만 사건은 시작되었다"

3) 사설탐정 사칭 업체, 전직 경찰·군인 명함 사용

기사 특징

'전직 ○○수사관' 강조

실상은 미행·도청·침입

대대적 단속 기사 다수

책에서 쓸 수 있는 대비 구조

진짜 탐정 vs 가짜 탐정

윤리를 지키는 자의 고립

4) 양육권 분쟁 중 불법 촬영 증거 논란

기사 핵심

아이 인계 장면 몰래 촬영

법원: 증거 불채택

오히려 촬영자가 처벌

"아이를 지키겠다는 명분이 아이의 사생활을 먼저 무너뜨렸다."

5) 사생활을 돈으로 사는 산업

(시사교양 프로그램 공통 주제)

내용

불륜, 신상, 동선

'알 권리'라는 이름의 소비

탐정 독백으로 쓰기 좋은 포인트

고객은 피해자이자 소비자

진실이 상품이 되는 순간

6) 탐정 의뢰 후 스토킹으로 이어진 사건

방송 포인트

처음은 조사

다음은 감시

마지막은 범죄

"조사는 멈췄지만 집착은 멈추지 않았다."

7) 불법 촬영 의뢰를 거절한 탐정의 내부 고발

방송 내용

촬영 요구 거절

업계 관행 폭로

'합법적으로는 돈이 안 된다'는 증언

합법 탐정의 생존 문제

왜 유혹에 흔들리는가

8) 법·제도 기사에서 자주 쓰이는 문장들

신문에서 **실제로 가장 많이 반복되는 표현들.**

"공개된 장소라도 사생활 침해가 성립된다"

"승거 수집 복적이라 하더라도 위법성 조각 사유가 되지 않는다"

"민간조사원은 수사권이 없다"

"사실 여부와 무관하게 취득 과정이 문제"

「탐정에게 가장 위험한 말」

"이건 다들 하는 거죠?"

그 말이 나오는 순간 나는 이미 결과를 알고 있었다.

사람들은 불법을 **방법이 아니라 관행으로 착각한다.**

5. 중앙일보·연합뉴스 계열 기사

1) 「민간조사원 합법화, 실효성 논란」

중앙일보 포인트

명칭만 합법

조사 권한 전무

기사식 문단

민간조사원 제도가 도입됐지만, 실질적인 활동 범위는 여전히 불분명
하다.

책에서 쓰기 좋은 결

직업은 생겼지만, 일은 허용되지 않았다.

2) 「불법 정보 거래 시장의 실체」

연합뉴스 탐사

개인정보·동선·사진 거래

탐정 아닌 '정보상' 중심

탐정 관점

진짜 위험은 탐정이 아니라

정보 유통 구조

6. 한겨레·경향신문 기사 (사회비판 중심)

1) 「사생활이 산업이 된 사회」

한겨레 기사 특징

불륜·의심의 상품화

탐정은 구조 속 일부

책 도입 문장

사생활은 더 이상 보호의 대상이 아니라 거래의 대상이 되었다.

2) 「불법 사설조사 피해자는 누구인가」

경향신문 시각

조사 대상자뿐 아니라

의뢰인도 피해자

탐정 서사 포인트

의뢰인은 보호 대상이자 위험 요소

7. 방송 보도 (실제 방영 주제)

1) KBS <추적 60분>

주제

불륜 조사 산업

돈으로 사는 진실

방송 멘트 스타일

확인이라는 이름의 감시는 어디까지 허용돼야 할까.

2) MBC <PD수첩>

주제

불법 사설조사 실태

내부 고발자 증언

핵심 포인트

"합법적으로는 먹고 살 수 없다"

탐정 독백

그 말이 업계를 망쳤다.

3) SBS <그것이 알고 싶다>

주제

집착과 의심의 끝

조사 이후 벌어진 범죄

서사 활용

탐정은 항상 사건의 시작점에만 존재

8. 신문 기사 문장 모음

1) 조선일보·중앙일보 톤
(사실 중심 · 법원 판단 · 질서 강조)

법원은 사설 조사 과정에서 수집된 자료에 대해 "사실 여부와 무관하게 위법성 판단이 우선 된다"고 밝혔다.

불륜 사실이 인정되더라도 증거 확보 과정이 법적 한계를 넘을 경우 책임을 피하기 어렵다는 지적이다.

전문가들은 사설 조사 의뢰가 감정에 의해 시작되는 경우가 많다고 분석한다.

공개된 장소에서의 촬영이라 하더라도 반복적이거나 특정인을 겨냥한 경우, 위법 소지가 있다는 판단이다.

민간 조사 활동에 대한 명확한 기준 부재가 혼란을 키우고 있다는 목소리도 나온다.

2) 한겨레·경향신문 톤
(사회 구조 · 피해 확장 · 비판적 시선)

사생활을 둘러싼 의심과 불안이 하나의 산업으로 소비되고 있다는 비판이 제기된다.

조사 대상자뿐 아니라 의뢰인 역시 피해자가 될 수 있다는 점에서 문제의 심각성이 크다.

확인이라는 명분 아래 개인의 일상이 침해되는 사례가 반복되고 있다.

사설조사 시장의 확대는 법과 윤리가 따라가지 못하는 속도로 진행되고 있다.

전문가들은 "진실을 요구하는 사회일수록 진실을 다루는 방식에 대한 논의가 필요하다"고 말한다.

3) 연합뉴스·종합지 톤
(중립 · 상황 정리 · 인용 중심)

최근 사설조사 의뢰와 관련한 법적 분쟁이 잇따르면서 주의가 요구된나.

경찰은 무등록 사설조사 업체에 대한 단속을 강화하고 있다.

불법 촬영이나 위치추적은 의뢰 목적과 관계없이 처벌 대상이 될 수 있다.

민간조사원 제도 도입 이후에도 현장 혼란은 여전하다는 평가다.

관련 업계에서는 합법과 불법의 경계가 지나치게 모호하다는 지적이 나온다.

4) 기획·해설 기사 톤
(신문 기획 면에서 자주 쓰이는 문체)

탐정이라는 직업은 대중문화 속 이미지와 달리 법적 제약 속에서 활동하고 있다.

사설조사 의뢰는 단순한 확인을 넘어 갈등을 증폭시키는 계기가 되기도 한다.

조사 결과를 둘러싼 책임 소재가 불분명하다는 점도 반복적으로 지적된다.

전문가들은 사생활 보호 기준이 과거보다 훨씬 엄격해졌다고 분석한다.

탐정 합법화 논의는 필요성과 위험성 사이에서 여전히 결론을 내리지 못하고 있다.

9. 언론을 지나, 탐정의 결론

신문은 사실을 기록한다. 방송은 장면을 남긴다. 그러나 그사이에 있었던 밤은 어디에도 남지 않는다.

나는 여러 번 기사 속에 등장했다. 때로는 직업으로, 때로는 문제로, 때로는 이름 없는 관계자로. 하지만 한 번도 '결정하는 사람'으로는 기록되지 않았다.

기사는 늘 결과를 원했다. 확인되었는지, 적발되었는지, 처벌되었는지. 그러나 현장에서는 그 질문보다 먼저 와야 할 선택이 있었다. 지금 멈출 것인가, 더 나아길 깃인가.

언론은 그 선택을 묻지 않는다. 찍지 않은 사진, 넘기지 않은 정보, 밝히지 않은 사실은 기사의 문장이 되기 어렵기 때문이다.

탐정의 일은 사실을 찾는 것이 아니라 사실이 어디까지 가도 되는지를 판단하는 일이다. 그 판단은 기록되지 않고, 보도되지 않으며, 대개 혼자서 감당해야 한다.

그래서 이 책에는 신문 기사로 충분한 사건도 있고, 방송 한 꼭지로 끝날 이야기들도 있다. 그러나 나는 그 기사들이 쓰이지 않은 이유를 함께 남기고 싶었다.

선을 넘지 않았다는 이유로 아무 일도 일어나지 않은 것처럼 지나간 사건들이 있었다. 나는 그 사건들이 이 책에서만큼은 사라지지 않기를 바랐다.

언론은 사회를 비추고, 탐정은 그 그림자에 서 있다. 빛이 강할수록 그림자는 또렷해진다. 나는 그곳에서 조금 늦게 걷는 사람으로 남아 있었다.

이제 사건은 끝났고, 기사는 이미 나갔다. 남은 것은 기록되지 않은 선택들이다.

그리고 그 선택들로 나는 아직도 탐정으로 남아 있다.

10. 탐정협회의 입장

이 책에 담긴 이야기들은 단순한 사건 기록이나 개인적 체험의 나열이 아니다. 이는 대한민국에서 '탐정'이라는 직업이 어떤 경계 위에 서 있는지, 그리고 그 경계가 얼마나 불안정하면서도 중요한지를 보여주는 기록이다.

탐정은 흔히 대중매체 속에서 자극적인 이미지로 소비된다. 불륜을 쫓고, 뒤를 미행하고, 비밀을 캐내는 사람.

그러나 현실의 탐정은 결코 그와 같지 않다. 대한민국에서 탐정은 **불법과 합법의 경계, 사생활 보호와 사실 확인의 경계, 의뢰인의 감정과 법의 원칙 사이에 서 있는 직업이다.**

탐정협회는 분명히 밝힌다. 탐정은 법 위에 서는 존재가 아니라, **법의 테두리 안에서만 움직여야 하는 직업이다.**

1) 탐정은 범죄자가 아니라, 책임을 지는 전문가다

탐정은 수사권이 없다. 강제권도, 압수권도, 체포권도 없다. 그렇기에 탐정의 모든 행동은 **더 엄격한 자기 통제**를 전제로 한다.

불법 촬영, 무단 침입, 위치 추적, 통신 사찰, 개인정보 침해는 그 어떤 명분으로도 정당화될 수 없다.

탐정협회는 이러한 행위를 명백한 위법행위로 규정하며, 회원 여부를 불문하고 강력히 배격한다.

이 책 속의 사례들 역시, "어디까지가 가능하고, 어디서 멈춰야 하는가"라는 질문을 끊임없이 독자에게 던진다.

그 질문 자체가 탐정이라는 직업의 본질이기 때문이다.

2) 탐정은 의뢰인의 분노를 대신 실행하는 존재가 아니다

의뢰인은 종종 극심한 감정 상태에 있다. 배신, 분노, 억울함, 복수심. 그러나 탐정은 그 감정을 그대로 행동으로 옮기는 대리인이 아니다.

탐정의 역할은 **사실을 확인하는** 것이지, 의뢰인의 감정을 폭발시키는 도화선이 아니다.

탐정협회는 회원들에게 반복적으로 교육한다.

"이건 합법이지만 하지 않는 게 맞다"

"이건 가능하지만, 법정에서 독이 될 수 있다"

"이건 의뢰인을 보호하지 못한다"

이 책은 그 교육의 연장선에 있다.

성공담만이 아닌, **멈춰야 했던 순간들, 거절해야 했던 의뢰, 돈보다 원칙을 선택한 판단들**이 기록되어 있다.

3) 탐정의 실수는 개인의 문제가 아니라 업계 전체의 책임이다

탐정 한 명의 일탈은 곧바로 "탐정은 위험하다", "탐정은 불법이다"라는 사회적 낙인으로 이어진다.

탐정협회가 이 책의 출간을 지지하는 이유는 명확하다. 침묵이 아니라 기록으로, 왜곡이 아니라 설명으로, 선동이 아니라 사실로 탐정이라는 직업을 말해야 할 시점이기 때문이다.

이 책은 탐정을 미화하지 않는다. 동시에 탐정을 범죄자 취급하지도 않는다. 그 사이의 **불편하지만 현실적인 지점**을 정직하게 보여준다.

4) 탐정의 미래는 투명성과 기록에 달려 있다

대한민국에서 탐정 제도는 아직 완성되지 않았다. 법과 제도는 현실을 따라오지 못하고 있고, 현실은 법의 공백 속에서 흔들리고 있다.

그렇기에 더욱 필요한 것은 **스스로의 기준을 기록으로 남기는 일**이다.

이 책은 한 탐정 개인의 경험을 넘어, 대한민국 탐정 업계가 앞으로 어떤 방향으로 나아가야 하는지를 묻는 질문서다.

무엇을 하지 말아야 하는가

어디까지가 합법인가

탐정은 누구를 위해 존재하는가

이 질문에 대한 답을 회피하지 않고 기록한 점에서, 탐정협회는 이 책의 문제의식에 깊이 공감한다.

(저자소속 / 대한공인 탐정 연구협회)

11. 독자에게 드리는 당부

이 책을 읽으며 "탐정은 이런 일까지 하는구나"라고 생각하기보다, "그래서 탐정은 이런 선을 지켜야 하는구나"라고 읽어주기를 바란다.

탐정은 어둠을 파는 직업이 아니다. 탐정은 **사실을 밝히되, 법과 인간의 존엄을 넘지 않는 직업**이어야 한다.

탐정협회는 이 원칙을 끝까지 지지하며, 이 책이 탐정이라는 직업을 오해가 아닌 이해의 대상으로 만드는 계기가 되기를 기대한다.

이 책을 손에 들고 있는 당신에게, 먼저 한 가지를 고백하고 싶습니다.

탐정은 결코 정의의 주인공이 아닙니다. 우리는 영웅도 아니고, 누군가의 복수를 대신해 주는 사람도 아닙니다. 그저 사실 앞에 오래 서 있으려 애쓰는 사람들일 뿐입니다.

탐정협회가 이 이야기에 입장을 보태는 이유는 간단합니다. 탐정이라는 직업이 오해 속에서 소비되는 현실을 더 이상 모른 척할 수 없기 때문입니다.

1) 당신이 알고 있는 탐정, 그리고 우리가 알고 있는 탐정

많은 독자들은 탐정을 이렇게 상상합니다. 어둠 속에서 누군가를 미행하고, 금기를 넘나들며 진실을 캐내는 사람.

하지만 현실의 탐정은 그 어둠에 가장 먼저 제동을 걸어야 하는 사람입니다. 불법 촬영을 거절하고, 미행을 멈추고, "여기까지는 안 됩니다"라고 말하는 순간들. 그 순간마다 탐정은 돈을 잃고, 의뢰인을 잃고, 때로는 오해까지 감수해야 합니다.

그럼에도 멈추는 이유는 하나입니다. 한 번 무너진 선은, 다시 세울 수 없기 때문입니다.

2) 탐정은 의뢰인의 편이 아니라, 사실의 편이어야 한다

의뢰인은 종종 이렇게 말합니다.

"저 사람 인생 망하게 해주세요."

"진실이 뭐든 상관없어요. 제가 이기면 됩니다."

그러나 탐정은 그 말을 그대로 실행할 권리가 없습니다. 오히려 그럴수록, 한 발 더 물러서야 하는 직업입니다.

탐정협회는 분명히 말합니다.

탐정은 의뢰인의 감정을 대리하는 존재가 아니라,

3) 사실이 감정에 휘둘리지 않도록 지키는 역할을 해야 한다고

이 책에 담긴 이야기 들은 그 역할이 얼마나 외롭고, 얼마나 고독한 선택의 연속인지 보여줍니다.

4) 왜 우리는 기록해야 하는가?

탐정이라는 직업은 아직 제도적으로 완성되지 않았습니다.

그래서 더 위험하고, 그래서 더 쉽게 왜곡됩니다.

어떤 탐정의 일탈은 곧바로 "탐정은 다 그렇다"는 말로 확대됩니다. 그 침묵의 피해는 성실하게 선을 지켜온 다수의 탐정들에게 돌아옵니다.

그래서 우리는 기록해야 합니다. 미화하지 않고, 합리화하지 않고, 실수와 한계까지 포함해 남겨야 합니다.

이 책은 그 기록의 일부입니다. 그리고 독자인 당신은 그 기록의 증인이 됩니다.

5) 독자에게 부탁하고 싶은 한 가지

이 책을 덮을 때, 탐정이 멋있어 보이지 않아도 괜찮다. 오히려 조금 불편하고, 답답하고, 때로는 소심해 보인다면 그것이 현실에 더 가깝다.

탐정은 빠른 결론보다 늦은 책임을 선택해야 하는 직업이다.

눈앞의 정의보다 뒤늦게 남을 상처를 먼저 계산해야 하는 직업이다.

그 선택이 이 책 곳곳에 담겨 있다.

6) 마지막으로

탐정협회는 이 책을 통해 탐정을 옹호하려 하지 않습니다.

다만 탐정을 **이해의 대상**으로 바라봐 주기를 바랍니다.

불법을 저지른 탐정은 비판받아야 합니다.

그러나 선을 지키기 위해 수많은 의뢰를 거절한 탐정의 침묵 또한 기억되기를 바랍니다.

이 책이 탐정을 미화하지도, 매도하지도 않는 이유는 단 하나입니다.

탐정은 언제나 법과 인간 사이의 아주 좁은 선 위에 서 있기 때문입니다.

그 선을 지키려 했던 기록을, 이제 독자인 당신에게 맡깁니다.

에필로그

기록을 마치며

이 기록을 여기까지 쓰고 나서야, 나는 비로소 이 책을 끝낼 수 있게 되었다. 처음부터 책을 쓸 생각은 없었다. 다만 지나온 사건들을 정리하지 않으면, 언젠가 그 책임이 왜곡된 형태로 돌아올 것 같다는 불안이 있었다.

이 책에 담긴 이야기들은 대부분 실제 현장에서 출발했다. 의뢰인의 절박함은 늘 급했고, 현실은 그 속도를 따라오지 못했다. 그 간극 속에서 탐정은 선택해야 했고, 그 선택은 언제나 혼자 감당해야 하는 것이었다.

사람들은 종종 묻는다.

왜 굳이 이렇게 불편한 이야기를 세상에 남기느냐고. 조용히 지나갈 수도 있었을 텐데, 왜 다시 꺼내 상처를 들추느냐고. 하지만 어떤 기록은 남기지 않으면, 같은 방식으로 반복된다는 것을 나는 여러 번 목격했다.

이 책은 탐정을 변호하지 않는다. 동시에 의뢰인을 비난하지도 않는다. 다만 그사이에 방치된 경계, 법과 윤리가 교차하는 지점을 있는 그대로 기록했을 뿐이다. 그 경계는 언제나 모호했고, 명확한 해답은 끝내 존재하지 않았다.

나는 이 책을 통해 답을 주고 싶지 않았다.

대신 질문을 남기고 싶었다.

우리는 왜 진실을 요구하면서도, 그 진실이 만들어내는 책임에는 쉽게 등을 돌리는가. 그리고 그 책임은 결국 누구의 몫이 되는가?

이 기록은 나의 고백이자, 동시에 이 사회가 오랫동안 미뤄 두었던 질문에 대한 메모에 가깝다. 누군가는 이 이야기에 불편함을 느낄 것이고, 누군가는 고개를 돌릴지도 모른다. 그럼에도 불구하고, 기록은 남겨져야 한다고 생각했다.

이제 이 책을 덮으며, 나는 이 이야기를 더 이상 붙잡지 않으려 한다. 말할 수 있는 만큼은 말했다고 생각한다. 그리고 남은 판단은, 이 기록을 끝까지 따라와 준 독자의 몫이다.

이 책이 어떤 결론에 도달하든, 그 판단의 과정만큼은 혼자가 아니기를 바란다. 그것으로 충분하다.

2025년 전국대학교수가 뽑은 사자성어는 '**변동불거**'이다.

'세상이 잠시도 멈추지 않고 끊임없이 흘러가면서 변한다'는 뜻이다.

變動不居

교수신문은 매년 12월 교수들의 추천과 투표를 거쳐 한 해를 상징하는 사자성어를 선정한다. 지난해에는 '제멋대로 권력을 부리며 함부로 날뛴다'는 뜻의 '도량발호(跳梁跋扈)'였다.

교수신문은 올해 1위로 선정된 변동불거에 대해 "한국 사회가 거센 변동의 소용돌이 속에 놓여 있으며 미래가 불확실한 시대에 안정과 지속 가능성을 고민해야 한다는 시대적 메시지를 상징한다"고 설명했다.

탐정업계도 역사는 발전하듯 끊임없이 흘러가면서 새로이 발전할 것이다.

저자 양력

권 호 갑

국민대학교 대학원 사회학석사

동명여자고등학교 교사 역임

숭실대학교 전산학과

국어교육원 문학사

대한민국 공인탐정 연구협회 25기

런맨탐정 정보컨설턴트 내표

대한민국 탐정을 빛낸 탐정 대상 수상

탐정의 리포트

현장의 기록과 탐정의 시선
저자 권호갑

초판 1쇄 발행 2026년 3월25일
발행인 권호갑

발행처 (주)더블비엠
출판등록 제2026-000006호
주소 제주 서귀포시 대정읍 중산간서로 2262번길 37. B-103호
전화 010-7512-2709

정가 15,000 원